◆ポーランド史叢書3

ポーランド国歌と近代史

ドンブロフスキのマズレク

梶さやか

1

「チャルニェツキがポズナンに……」

アルバム『ポーランド軍団の歌』（ルヴフ、1894年刊、文ルドヴィク・フィンケル）に収められたユリウシュ・コッサクのイラストに基づいて1905年にクラクフのポーランド画家サロンが彩色して出版した絵葉書。歌詞の各連に対応したイラスト7枚シリーズより。カバーがその１枚目、とびらが「進め、進め、ドンブロフスキ」（歌詞は10ページ以下参照）

3

2

アルプスを背景にしたヤン・ヘンリク・ドンブロフスキ（右）とポーランド軍団時代のドンブロフスキの軍服
（2、3ともにポーランド軍事博物館所蔵）

4

「ナポレオンによるワルシャワ公国憲法の付与」
右端がヴィビツキ（マルチェッロ・バッチャレッリ画）

5「オルシンカ・グロホフスカの戦い」ヴォイチェフ・コッサク画
（1886年のレプリカとして1931年作成）

6「1831年のエピソード」（シャルル・ミシェル・ギルベール・ダネル画　1849年）
ただし、ロシア領出身のポーランド人画家ヤン・オストヤ・ミョドゥシェフスキによる19世紀後半の作品であるともいわれる。また、絵の題名も「亡くなりつつある自由の戦士」などと様々に呼ばれる（油彩）
（ポーランド軍事博物館所蔵　現在国歌博物館へ貸出中）

7「ドンブロフスキのマズレク」を奏でる仕掛けが隠された小祭壇
（チェコ製、19世紀後半）

ポーランド国歌と近代史　目　次

ポーランド国歌と近代史――ドンブロフスキのマズレク――

はじめに

現在のポーランド共和国の国歌「ドンブロフスキのマズレク」（「ドンブロフスキのマズルカ」）は、近世のポーランド＝リトアニア共和国が第三次分割によって消滅した翌々年の一七九七年に誕生した。そして分割後のポーランドの歴史の節目に登場して、歌詞冒頭の一節「ポーランド未だ滅びず」――この言葉は分割時代のポーランドの最も重要なモットーの一つとなった――とともにポーランド独立運動の旗印となった。それだけではなく、他の国民・民族へも普及したこの歌は一八四八年の「諸国民（諸民族）の春」を中心に十九世紀ヨーロッパのナショナリズムの展開においても重要な役割を担った。他方、このナショナリズムの展開によって、分割以降近代のポーランドはポーランド王国とリトアニア大公国の連合国家である「両国民の共和国」からポーランド語を話すポーランド人の国家へと、大きくその姿を変えることとなる。それは「ドンブロフスキのマズレク」が「両国民の共和国」という広義のポーランドの愛国歌から、狭義のエスニックな――ポーランド語を話す人を中心とする――ポーランドの国歌へと変化した時代だともいえよう。本書では、「ドンブロフスキのマズレク」の歌詞を翻訳・紹介したうえで、波乱に満ちたポーランドの近代史をこの歌とともに捉え直してみたい。とはいえ、「ドンブロフスキのマズレク」は誕生当時は一政治集団の軍団歌に過ぎず、その後も十九世紀中は人気が高かったとはいえ、数ある愛国歌の一つであり、ポーランドの独立回復後ようやく事実上の国歌となった。そのため、本書では他のいくつかの愛国歌とともに話を進めることとしたい。

なお、現在「ドンブロフスキのマズレク」として知られるこの歌は、分割直後の一七九七年にユゼフ・ヴィビツキが作詞した際は「在イタリア・ポーランド軍団の歌」と題されていた。ほどなく、ポーランド軍団の創始者の一人であり司令官で、歌詞にも歌われているヤン・ヘンリク・ドンブロフスキの名を取って「ドンブロフスキのマズレク」としても知られるようになった。また、歌詞の冒頭にある「ポーランド未だ滅びず」を取って歌の名前としたものもある。先回りして言えば、この呼称の違いはその時々のポーランドの政治的事情や使い手の心情をある程度反映している。ポーランド軍団が存在した当時の軍団歌の正式な名称として、あるいは多々あるヴァリエーションの原典を指すときには「在イタリア・ポーランド軍団の歌」と呼ばれる傾向にある。一方で軍団解散以降の時期、ワルシャワ公国時代やポーランド王国時代には司令官の名を採って「ドンブロフスキのマズレク」と呼ばれる傾向にあり、ときにポーランドの軍事的勝利を誇示して冒頭の一節「ポーランド未だ滅びず」で呼ばれることもあった。十一月蜂起、特にその敗北以降はポーランド独自の政治機構が再び国際的に存在しなくなったこともあり、「ドンブロフスキのマズレク」の名よりも、独立運動のモットーと絡めた「ポーランド未だ滅びず」の名で呼ばれることが多くなった。もちろん、このような用法上の差異・ニュアンスの違いはあくまで目安である。蜂起時の軍事的・政治的指導者の名をドンブロフスキの代りに入れた愛国的な替え歌は通常「……のマズレク」と呼ばれた。さらに国歌に制定されるまでは「ドンブロフスキのマーチ」など、ここに挙げた以上に多様な名前で呼ばれていた。本書の叙述においては資料に現れた名称を優先し、また時代背景や当事者の抱えた心情などのニュアンスが伝わるよう名称を使い分けることとするが、基本的な名称としては最も広く普及した「ドンブロフスキのマズレク」を用いることとする。

日本においては、ワルシャワを中心とするマゾフシェ地方の民謡であるマズレクについて、原語の「マズレク」を格変化させた形である「マズルカ」という呼称が普及しているが、本書ではポーランド史叢書という性格から原語にしたがって「ドンブロフスキのマズレク」と呼ぶこととしたい。

それでは史料の翻訳ののち、「ドンブロフスキのマズレク」の作詞者ヴィビツキと歌詞の主な登場人物であるドンブロフスキが政治的・軍事的活動を始め、なおかつこの歌が誕生する直接的契機となった十八世紀後半分割前のポーランドから話を始めることとする。

［史料］

ユゼフ・ヴィビツキ「在イタリア・ポーランド軍団の歌」（一七九七年）

ポーランド未だ死なず、
我々が生きている限り。
異国の力が我々からもぎ取ったものは
サーブルで奪い返そう。
＊進め、進め、ドンブロフスキ、
　イタリアの地からポーランドへ。
　そなたの導きのもと
　国民と団結しよう。

チャルネツキがポズナンに、
スウェーデンによる分割の後、

祖国を救うため
海を越えて戻ったように
（＊繰り返し）

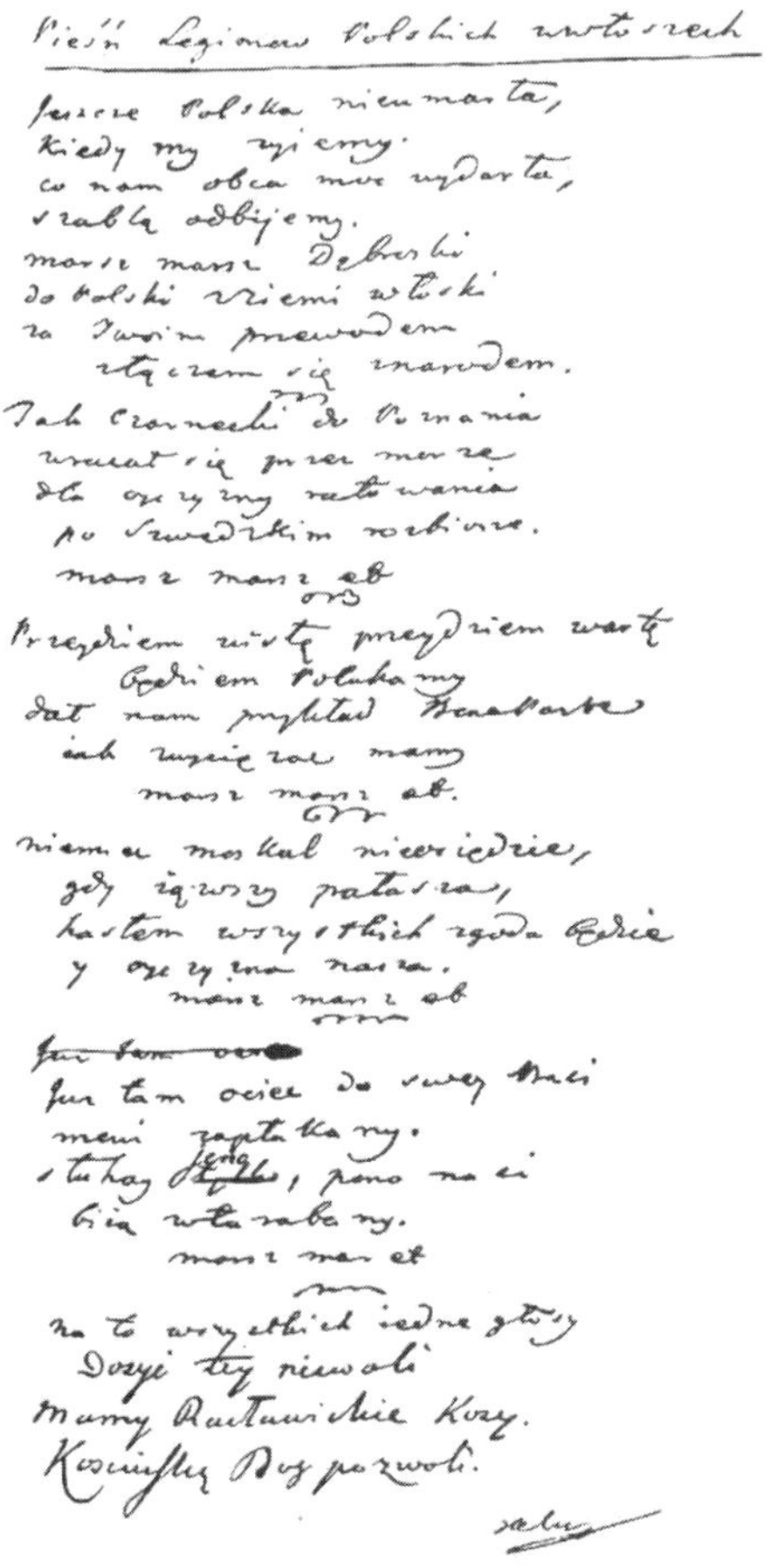

Pieśń Legionów Polskich we Włoszech

Jeszcze Polska nie umarła,
kiedy my żyjemy.
co nam obca moc wydarła,
szablą odbijemy.
marsz marsz Dąbrowski
do Polski z ziemi włoski
za Twoim przewodem
złączem się z narodem.
Jak Czarniecki do Poznania
wracał się przez morze
dla ojczyzny ratowania
po szwedzkim rozbiorze.
marsz marsz etc
Przejdziem Wisłę przejdziem Wartę
będziem Polakami
dał nam przykład Bonaparte
jak zwyciężać mamy
marsz marsz etc.
niemiec moskal nie osiędzie,
gdy jąwszy pałasza,
hasłem wszystkich zgoda będzie
y ojczyzna nasza.
marsz marsz etc
~~Już tam ojciec~~
Już tam ojciec do swej Basi
mówi zapłakany.
słuchaj jeno, pono nasi
biją w tarabany.
marsz marsz etc
na to wszystkich jedne głosy
Dosyć tej niewoli
mamy Racławickie Kosy.
Kościuszkę Bóg pozwoli.

1.ヴィビツキによる「在イタリア・ポーランド軍団の歌」
の自筆原稿（19世紀後半のファクシミリ版）

ヴィスワ川を超えて、ヴァルタ川を超えて
ポーランド人となろう。
ボナパルトは我々に手本を示した、
如何に勝つべきかと。
（＊繰り返し）

我々が刀を握ったあかつきには
ドイツ人もロシア人もいなくなる。
皆の合言葉は団結と
我々の祖国。
（＊繰り返し）

もうあちらでは父親がバシャに向かって
涙ながらに語っている――
どうかお聞き、我らが兵士は
軍鼓を鳴らしているそうだ。
（＊繰り返し）

そして全員が一つの声で、
この隷属はもうたくさん。
我々にはラツワヴィツェの大鎌がある。
コシチューシコには神のご加護を。

ポーランド共和国国歌「ドンブロフスキのマズレク」（一九二六／二七年、一九八〇年）

ポーランド未だ滅びず、
我々が生きている限り。
異国の暴力が我々から奪ったものは
サーブルで奪い取ろう。
＊進め、進め、ドンブロフスキ、
イタリアの地からポーランドへ。
そなたの導きのもと

国民と団結しよう。

ヴィスワ川を超えて、ヴァルタ川を超えて
ポーランド人となろう。
ボナパルトは我々に手本を示した、
如何に勝つべきかと。
（＊繰り返し）

チャルニェツキがポズナンに、
スウェーデンによる占領の後赴いたごとく、
祖国を救うため
我々も海を越えて戻ろう。
（＊繰り返し）

もうあちらでは父親がバシャに向かって
涙ながらに語っている――
どうかお聞き、我らが兵士は

軍鼓を鳴らしているそうだ。
（＊繰り返し）

2. 現ポーランド共和国国歌の楽譜

第一章　ポーランド分割とポーランド軍団

（一）十八世紀後半のポーランド＝リトアニア共和国

十八世紀、ポーランド＝リトアニア共和国はロシアやプロイセンなどの強大化する隣国によってたびたび内政、とりわけ国王選挙への干渉を受けるようになった。特にロシアはポーランド＝リトアニアを保護国とし、大使を通じて様々にその政治を操るようになった。最後の国王となるスタニスワフ＝アウグスト・ポニャトフスキもロシアの梃入れで王位に就いたが、啓蒙君主として知られた彼の時代には国家存亡の危機を前に国王と改革派の貴族による国制改革がなされるようになった。

その際に大きな関心が払われたのが貴族特権とも密接に絡んだ国王選挙や議会制度の改革、軍の再編・近代化、そして有能で愛国的な人材を育てるための教育改革であった。特に一点目に関しては五月三日憲法に象徴されるように、たびたび国政を麻痺させた議会における自由拒否権の廃止と多数決制の導入、選挙王政から世襲君主政へという貴族共和政に対する大きな変革がなされた。こうした改革を身分制度の点からまとめれば、貴族が従来占有してきた政治的権利を財産原理の導入によって都市民にも一部開放し、軍や教育において都市民だけでなく農民をも「国民」の範疇に入れるというものであった。国制改革の詳細は他書に譲ることとして、ここではのちのポーランド軍団やその歌と関連する教育改革やコシチューシコ蜂起について簡単に触れておくこととしたい。

教育改革は十八世紀の改革の中で最も成果を上げたものの一つである。既にスタニスワフ＝アウグストの即位以前の一七四〇年にスタニスワフ・コナルスキによって「貴族学院」が創設された。続いて一七六五年には「国王陛下と共和国による貴族のアカデミー」（幼年学校）が創設された。卒業生には、タデウシュ・コシチューシコ（一七四六－一八一七年）、ヤクプ・ヤシンスキ、カロル・クニャジェヴィチ、アントニ・マダリンスキ、ユゼフ・ロンジン・ソヴィンスキ、ユリアン・ウルシン・ニェムツェヴィチら、その後の独立運動で活躍する錚々たるメンバーが含まれている。また、

3.タデウシュ・コシチューシコ
カロル・シュヴァイカルト画、19世紀初

一七七三年にはヨーロッパで初の教育省となる国民教育委員会が没収されたイエズス会財産を基盤に設立され、全身分を対象としたポーランド語による「世俗的」な学校教育網が初等教育から高等教育にいたるまで整備された。これによってクラクフ大学（中央学校）が息を吹き返した。実際の教育対象は相変わらず貴族が中心ではあったが、これまで埋もれがちであった中小貴族の人材活用を目指し、大貴族の私利私欲ではなく国家のためになる愛国的な意識を持った人材を育成し

ようとした。

一七七四年に、ヴァルミア司教であり啓蒙期のポーランドを代表する詩人・作家であったイグナツィ・クラシツキが「祖国愛の賛歌」を発表する。一七七二年の第一次分割の衝撃を受けて書かれたこの詩では、苦難を耐え犠牲をいとわない姿勢と祖国愛とが結び付けられている。その後この詩は『幼年学校の生徒の倫理的カテキズム』に加えられ、生徒の倫理的な見本となり、「幼年学校の歌」となった。ただし、この詩に曲がつくのはワルシャワ公国時代の一八〇七年（初演）のことであった。

一七九一年、国制改革の頂点をなす五月三日憲法が制定されたが、憲法によって否定された貴族特権を維持しようとした保守派は翌年ロシアと結んでタルゴヴィツァ連盟を結成、憲法擁護派とのあいだで激しい内戦となった。ロシアの軍勢を前に国王もタルゴヴィツァ連盟に参加せざるを得ず、憲法擁護派は敗北し、憲法その他の改革は撤回され、一七九三年の第二次分割を招いた。これに反発して翌一七九四年にコシチューシコが蜂起を起こす。この戦いには先述の幼年学校出身者など新しい世代の軍人たちが参加したほか、のちにポーランド軍団を創設することとなるドンブロフスキやヴィビツキも参加した。またコシチューシコはこれまでシュラフタ（貴族）に対して行われてきた総動員だけでなく農民による蜂起参加の必要性を感じ、ポワニェツ宣言などで農奴身分からの解放と土地の付与と引き換えに農民にも蜂起への参加を呼び掛け、一定の成果を挙げたと言われている。しかし蜂起軍は幾度か勝利を収めたものの、最終的にはロシア軍とプロイセン軍の前に敗北を喫し、一七九五年の第三次分割によってポーランド＝リトアニア共和国は消滅した。

ロシアの保護体制に反発してカトリックとシュラフタの自由を守ろうと一七六八年に結成されたバール連盟の戦い以降、分割勢力との戦いのなかでさまざまな軍歌が作られた。ポーランドの民俗音楽クラコヴィァクのメロディーに合わせた歌もあったが、「コシチューシコのマーチ」などのように、同時並行で生じていたフランス革命の革命歌「サ・イラ」や「カルマニョール」、「ラ・マルセイエーズ」の翻案やそのメロディーに合わせた歌もあった。また、古くは中世の「神の母」など戦場でも宗教的な歌が歌われてきたが、十八世紀後半には「五月三日憲法の歌」や先述の「祖国愛の賛歌」など徐々に世俗的な愛国歌が登場してきた。こうした世俗の愛国歌・軍歌の列に「在イタリア・ポーランド軍団の歌」を加えることができよう。

4.ユゼフ・ヴィビツキ

ここで本書の主題である「在イタリア・ポーランド軍団の歌」の作者であるヴィビツキとその主人公であるドンブロフスキについて簡単に紹介しておこう。

ユゼフ・ヴィビツキは一七四七年にポモジェ（カシューブ）地方のベンドミンで中流シュラフタの家庭に生まれた。早くに父親を亡くし、経済的には恵まれていなかったものの、法曹家としてのキャリアを歩んでいった。一七六〇年代後半からたびたび全国議会の議員に選ばれ、バール連盟にも参加し、ベルリンへの外交使節に選

5.ヤン・ヘンリク・ドンブロフスキ
L.ホチコ『在イタリア・ポーランド軍団の歴史』第1巻（1829年刊）の挿絵

ばれている。国王派の国制改革論者としてザモイスキ法典の編纂や教育改革などに携わり、四年議会の議員も務めた。こうした政治的な活動のかたわら、文筆家として詩やオペラなども著している。一七九四年のコシチューシコ蜂起にはコシチューシコの側近として参加した。蜂起敗北後はフランスに亡命し、次節で述べるポーランド軍団の創設に関わることとなる。このように分割前後の時期に非常に活発に政治に関わり重要な役割を果たしたヴィビツキだが、現在のポーランドでは何よりも国歌の作詞者として知られている。

他方、ヤン・ヘンリク・ドンブロフスキは一七五五年にマウォポルスカのピェシュフフでザクセン王に仕えるポーランド貴族の軍人のもとに生まれた。母はポーランド化したクルラント（ドイツ系）貴族の出身であった。一七六六年からザクセンで育ち、父に倣って一七七一年から同国の軍に仕官した。当時、外国の軍隊に勤務して経験を積むことは貴族出身の軍人のキャリアとしてはよくあることであり、愛国的観点からも問題視されなかった。ドンブロフスキはザクセン仕官時代にドイツ人女性と最初の結婚をしている。一七九二年七月に帰国してポーランド軍に仕官したが、当時ポーランドではタルゴヴィツァ連盟が内戦で勝利を収めつつあり、やむを得ず同連盟に加盟することとなった。加盟のおかげでポーランド軍に仕官し続けることができた一方で、軍の上官であったマダリンスキや同僚から疎まれる原因となり、またザクセンで育ったことからポーランド語に難があったことも災いして、コシチューシコ蜂起勃発直後に同僚の将校から死刑宣告を受けた。この危機を法曹家として救ったのがコシチューシコの右腕、ヴィビツキであった。以後二人は晩年にいたるまで友情を保ち続けた。四月にコシチューシコ蜂起に参加したドンブロフスキはワルシャワ防衛の功績で将軍に昇進し、ヴィビツキとともにヴェルコポルスカの戦線でも活躍した。有能な将軍として国際的にも知られたドンブロフスキは蜂起敗北後ロシアやプロイセンから任官の誘いを受けたがこれを断り、一七九六年九月パリへと赴いた。後世彼は特にポーランド軍団の創設者・司令官として知られることとなる。

(二) ポーランド軍団

ロシア、プロイセン、オーストリアの三国に分割された旧ポーランド＝リトアニア地域ではそれぞれの分割国の行政が敷かれ、また君主への忠誠と引き換えにシュラフタの領地支配や各国の貴族としての権利が認められた。コシチューシコ蜂起参加者らはロシア軍に捕らえられたコシチューシコ自身のように分割国に捕らえられるか、あるいは国外に亡命した。あくまでポーランド分割を認めない人々は国外で独立運動を続けることとなる。

その活動の中心は当時革命が進行中で分割三国とも対立関係にあったフランスだった。コシチューシコ蜂起指導部の流れを汲む穏健派の代表機関《アゲンツィア》とジャコバン派などの急進派が集う代表部《デプタツィア》などの亡命ポーランド人組織が結成されるが、路線対立から亡命ポーランド人同士のあいだでの不和も目立った。代表機関ではフランス共和国の支援を得て独立を回復する考えが中心を占めた。分割後も精神的指導者であったコシチューシコがフランス共和国軍付属のポーランド人部隊の創設を計画し、フランチシェク・バルスやヴィビツキらによってフランス政府とのあいだの実際の交渉が進められていた。一度はフランス総裁政府から却下されたが、ナポレオン・ボナパルトがイタリアで軍事的勝利を重ね、フランスによるその支配を固め始めたおりに、将来のポーランド人部隊の指揮官としてドンブロフスキも名を連ねて再度提案を行ったところ、総裁政府もこれを受け入れた。イタリアに個人的な勢力基盤を築こうとしていたボナパルト主導のもと、一七九七年一月に当時フランスの従属国であった北イタリアのロンバルディア（トランスパダーナ）共和国とのあいだの協定によって同共和国の付属軍としてポーランド軍団が創設されたのである。

ヤン・パホンスキらのポーランド軍団に関する研究によれば、軍団の規模は一七九七年四月のレオーベンの休戦条約が結ばれるまでに約三六〇〇人、その後も兵員は増えて同年半ばに約六〇〇〇人となった。同年十月十八日にはフランスとオーストリアのあいだでカンポ・フォルミオの和約が結ばれたが、その翌月十七日にロンバルディア共和国を吸収してできていたチザルピナ共和国と新たに結んだ協定によって軍団の規模は拡大した。一七九七－一八〇二年に延べ約二万人が参加したという。その構成は中小貴族を中心とする貴族が一〇パーセント、都市民二五パーセント、農民六五パーセントであったとされる。その多くがオーストリア軍に入り、対仏戦争でフランスの捕虜になっていたポーランド人兵士からリクルートされたという。

実質的にはナポレオンの傘下で活動したとはいえ、直接フランス軍に組み込まれなかったのは、当時のフランスの憲法によって外国人部隊が禁止されていたことと、オーストリアと交戦中とはいえ国内にポーランド人部隊を創設することに対する外交的配慮があったからだと言われている。傭兵ではないことの証として軍団員はロンバルディア共和国の一時的な市民となり、必要が生じた際にはいつでも祖国に戻る自由を与えられていた。司令官のドンブロフスキも地元イタリアの住民にとって友軍たらんとする努力を行っていたという。主としてオーストリアを中心とする分割三国とフランスとの外交関係はその後もポーランド軍団の運命に大きく影響することになる。

旧ポーランド領本土では分割国の制度が敷かれていたため、ポーランド軍団は当時唯一公式に存在したポーランド的な組織であった。軍団内ではポーランド語が用いられ、ポーランド式の軍服とイタリアの肩章、フランスの花形帽章を身に付けていた。軍団はコシチューシコ蜂起の愛国的精神と革命フランスの共和的精神を受け継ぎ、初期には連隊ごとに評議会が設けられたほか、市民道徳や愛国心を涵養する教育が軍団の将校や兵士に行われた。また、呼びかけにも「市民」や「兄弟」が用いられ、当時の軍隊では当然のごとくに存在していた上官による体罰が禁止された。勲章が廃止され、代わりに功績のあった者の名を記す名簿が導入された。こうした点からは近世の軍隊にあった封建的な性格や荒くれ者集団といった性格とは異なった愛国心を持った国民軍という軍団の姿が浮かぶ。もちろん上記の点が実際にどれほど徹底されたかは不明な点も多く、また小説家ステファン・ジェロムスキ（一八六四－一九二五年）が『灰』（一九〇四年）のなかで描いたように、現実には食糧・物資・装備が貧弱で窮乏するなどの問題も抱えていた。だが少なくとも制度上は自由と民主主義を愛する軍団であり、後世のポーランドの歴史家たちは分割前の幼年学校とともにポーランド軍団を愛国心を涵養した重要な装置と捉え、自由・民主主義的性格と愛国心が軍団員にその後も根付いたと捉える傾向にある。

　愛国的で民主的な組織としてのポーランド軍団という認識を普及させた一人がポーランド語によるロマン主義文学最大の詩人アダム・ミツキェヴィチ（一七九八－一八五五年）であろう。彼は一八四〇年代にコレージュ・ド・フランスで行った一連の『スラヴ文学講義』の中でポーランド軍団の愛国心や民主的性格に触れたうえで、軍団がその行動によって政治的に独立した存在としてのポーランドの権利と将来の世代のための法体系を勝ち取ったと高く評価している。

6.在イタリア・ポーランド軍団第一大隊の軍旗。「自由な人間はすべて兄弟である」

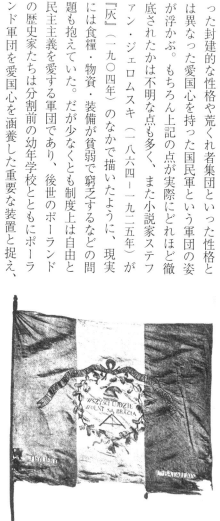

しかし、ポーランド軍団の一義的な評価は非常に難しい。軍団兵たちはイタリア語で「自由な人は兄弟である」というモットーを右肩章に付けていたが、イタリアの現地住民から見れば軍団は革命の輸出という名目で侵攻してきたナポレオン・フランスの支配の片棒を担ぐ存在でもあった。またポーランド軍団は国家がない時代にポーランドの軍隊として活躍したが、ナポレオン時代のポーランド将兵の歴史はナポレオンに盲目的につき従ってポーランド解放と関係のない戦闘に参加させられた歴史でもあった。ポーランド軍団はイタリアでの対オーストリア戦役だけでなく、一八〇二年と翌年にはフランスからの独立と自由を求めるサン＝ドマング（ハイチ）の黒人蜂起の鎮圧に派遣された。この派兵は前年のリュネヴィルでのオーストリアとの和平で不要になったポーランド軍団を厄介払いしようというナポレオンの意図のもとで行われており、派兵の結果軍団兵の約三分の二が失われた。これによって大きな打撃を受けたポーランド軍団は、さらにフランスやイタリアの各地の部隊に分散させられるなどして一八〇三年頃にはほぼ消滅状態になる。

それでもポーランド軍団は一八〇六－〇七年のフランスの対プロイセン戦役に際してドンブロフスキらの指揮のもとに再び結成され、プロイセンに併合された旧ポーランド領の解放に貢献し、分割時代につかの間とはいえワルシャワ公国の独立を導いた。軍団兵はこののちワルシャワ公国軍などに吸収・解消され、ドンブロフスキも公国軍の司令官となり、その後も数々の戦役に参加する。だが、ポーランド兵の犠牲のうえに誕生したワルシャワ公国においても、軍の一部が一八〇八年にフランス支配に対するスペインの独立戦争の鎮圧に送られてさらに大きな犠牲を出した。またナポ

地図1　19世紀初頭の旧ポーランド＝リトアニア共和国地域

レオンの側近の軍人や帝国貴族への土地の贈与、ならびにポーランド人貴族に対するプロイセン政府の債権を戦利品として獲得したフランス政府への債務の支払いを名目とした高額のバヨンヌ金額によって、ナポレオンは公国を経済的搾取の対象としたのであった。

　けれども、一八一二年のナポレオンによるロシア遠征だけでなく、一八三〇－三一年の十一月蜂起に至るまで、ポーランドの独立運動において軍や政治を牽引したのはナポレオン戦争に従軍した者たちが中心であったのも事実である。彼らの行動がのちの世代に対する愛国心の涵養や民族意識の永続化に寄与したと考えられるゆえんである。

第二章　在イタリア・ポーランド軍団の歌

（一）歌の誕生

一七九七年七月、既にイタリアで活動を始めていたドンブロフスキらポーランド軍団に、創設者の一人でそれまでフランスに滞在していたヴィビツキが合流した。半ば伝説と化した説によれば、このとき一夜にして「在イタリア・ポーランド軍団の歌」が誕生したという。実際にはどうだったのか。作詞と初演に関する直接的な史料がないため日付までは特定できないが、状況から少なくとも七月七日から二十日のあいだに作詞されたと多くの研究者が考えている。以下、少し詳しく見てみよう。

この年の六月末、親オーストリア・親カトリック教会勢力と結んだ農民反乱からイタリア北部の親仏的な都市レッジョ・デル・エミリアを護るため、ナポレオンによってポーランド軍団が同市に派遣され、しばらく駐屯することとなった。ドンブロフスキは七月五日（あるいはその翌日）にレッジョに入城し、さらに七日、軍団の広報・宣伝の責任者であるヴィビツキが合流した。ヴィビツキはその時、コシチューシコ蜂起敗北後初めてポーランドの制服を着てポーランド語を話すポーランドの軍隊が活躍しているのを目にして感動し、一夜のうちに詩を書き上げたと言われているのである。この時期に作詞されたと考えられている根拠は、その歌を「ヴィビツキ氏は一七九七年にイタリアのレッジョで初めてポーランド軍を見たときに作った」と一八〇七年にドンブロフスキがメモで記している点である。

「ポーランド未だ滅びず」で始まり、「進め、進め、ドンブロフスキ」と繰り返すこの歌は軍団の創設者兼司令官に捧げられた。実はこれまでにも既にポーランド軍団の歌が二曲作られていたが、司令官のドンブロフスキの気に入らず、お蔵入りとなっていた。軍団の共同創設者であり個人的にも親しくしていたヴィビツキ作詞のこの歌はドンブロフスキの大変好むところとなり、正式の軍団歌となった。これ以降、ポーランド軍団の統合ならびに諸外国あるいは国内外のポーランド人への宣伝のための軍団歌として軍楽隊・兵士によって演奏・合唱されることとなる。「ラ・マルセイエーズ」からの直接的な影響については不明だが、同じく愛国的で世俗的・共和的な性格のポーランドの軍歌・愛国歌が誕生したのであった。

この歌の初演はポーランド軍団がレッジョ・デル・エミリアに滞在していた折の何らかの式典の際だと考えられているが、軍団が同市を発つ二十一日までに初演されただろうという以上にはこちらも特定されていない。

ユゼフ・ヴィビツキによる歌詞の自筆原稿は少なくとも二部存在し、孫であるエドヴァルト・ロジュノフスキによって保管されていた。そのうちの一つが十九世紀後半に研究者B・クラシェフスキに譲られ、その手でファクシミリ版の複製が作られてポーランドや国外の主要図書館に送られた（11頁参照）。一八八九年のJ・ホロシキェヴィチの研究や一八九四年のルドヴィク・フィンケルの研究などによって十九世紀中にそのファクシミリ版が公刊されている。研究者の手に渡ったこの原稿はその後第二次大戦中のワルシャワ蜂起で焼失したという。もう一部の自筆原稿は第二次大戦中にベルリンに暮らしていたヴィビツキの子孫の邸宅とともに消失したとも、大戦末期に子孫の手によってドイツ帝国銀行に預けられたもののベルリンに入城したソ連軍の略奪によって現在も行方不明になっているとも言われている。現在もその行方について調査が続けられているが、現状ではファクシミリ版しか利用できない状況である。ポーランド軍団研究の第一人者パホンスキがヴィビツキによってドンブロフスキに献呈された手稿の存在を指摘する――これも第二次大戦によって消失したとされる――など、ファクシミリ版が作成された自筆原稿がオリジナルで最も古いものかどうかは断言できないものの、現在内容が判明している中ではこれが最も古い版だと考えられている。

また、作曲者あるいは曲の由来についてはは未だによくわかっていない。長らくミハウ・クレオファス・オギンスキが作曲したとも言われてきたが、彼が作曲したのは「ポーランド軍団のマーチ」であったことが一九三八年に見つかった史料から明らかとなった。それは一七九七年四月に作曲され、歌詞は付されていなかった。他方で、ベルリンの図書館に保管されている一八〇〇年の舞踊音楽の手書きの楽譜のなかに十八世紀後半の民謡として「在イタリア・ポーランド軍団の歌」に似たメロディーの曲が収録されていることが知られている。今では当時既に知られていた作曲者不明のマズレクのメロディーにヴィビツキが詩を付けたのではないかと考えられている。ワルシャワ公国時代のメロディーは当時作られたオルゴールの音色によって現在にまで伝えられているが、ヴィビツキが作詞した当時のメロディーがいかなるものであったのかは不明であるため、ヴィビツキが既存の曲をそのまま使用したともアレンジしたとも、またヴィビツキ自身が作曲したともいわれる。ポーランドの国歌博物館が再構成した一八〇〇年前後の物とされる「在イタリア・ポーランド軍団の歌」は先述の手書きの舞踊音楽の楽譜と公国時代のオルゴールのメロディーに基づいており、現在の物と比べてテンポが遅く、主旋律も少し異なっている。

（二）歌詞とメッセージ

以下では、「在イタリア・ポーランド軍団の歌」の歌詩の各連の内容を、ヴィビツキによるオリジナルの順にしたがって説明していきたい。あわせて現行国歌の歌詞やそこに至る変更箇所についても補うこととする。

第一連冒頭のポーランド人がいればポーランドは存在するとの宣言は十八世紀の一般的な考え方とは異なるものであった。当時は、国家が存在することでその枠組みに基づいた政治的共同体であるネイション（国民）が存在し、国家が消滅すればそのネイションもなくなると考えられていたのである。また、第三次ポーランド分割によって国家が完全に消滅した後に、それでもなお武器を取って独立を取り戻そうとする積極的な呼びかけは、悲観的な空気が支配していた当時のポーランドの言論界では少数派の姿勢であった。ポーランドを思う人がいる限りポーランドが存在するというこの第一連はポーランド軍団員にポーランド復活の希望と信念を与えて士気を高め、同時に国際社会ならびにポーランドの社会に向けてポーランド軍団の存在と活動の意義をアピールする狙いを持っていたと考えられる。この点については次節でもう一度検討する。

第一連の歌詞は十八世紀のうちにポーランド本土において一部変更されて歌われるようになった。人間の老いによる死、不可逆的な死を意味する **umrzeć** を用いた「死なず **nie umarła**」から、より劇的な死または再生の可能性のある消滅を意味する **zginąć** を用いた「滅びず **nie zginęła**」に変わったほか、「異国の力が我々からもぎ取ったものは/サーブルで奪い返そう **co nam obca moc wydarła/ szablą odbijemy**」が「異国の暴力が我々から奪ったものは/サーブルで奪い取ろう **co nam obca przemoc wzięła/ szablą odbierzemy**」に変わった。ポーランド軍団の内部ではオリジナル通りに「ポーランド未だ死なず」と歌われていたものの、現在の国歌に至るまで多くのヴァリエーションでこの変更が継承されている。

繰り返しの部分ではイタリアの地での活動自体が目的なのではなく、ポーランドに戻って国民と合流・団結することこそが本来の目的であることが示される。日本語に訳すとどちらも語順が同じになるが、ポーランド語の語順では「ポーランドへ、イタリアの地から」から「イタリアの地からポーランドへ」という修正が十八世紀のうちになされ、この変更も多くのヴァリエーションで受け継がれている。

第二連では十七世紀にモスクワやオスマン帝国との戦争、スウェーデンやトランシルヴァニアの侵攻、コサックの反乱など、打ち続く戦争で危機に瀕したポーランド＝リトアニア共和国を救った英雄に言及される。ステファン・チャルニェツキ（一五九九―一六六五年）は「大洪水」と呼ばれたスウェーデンのポーランド侵攻（一六五五―六〇年）時に次々と諸都市がスウェーデンに降伏・占領されていくなか、ポーランド軍を率いてスウェーデン軍に対する勝利を挙げた。ポズナンを含むヴェルコポルスカ地方でもスウェーデン軍を撃退した。十八世紀後半のポーランドでチャルニェツキは理想的な軍人と考えられており、ドンブロフスキも尊敬していたという。分割前にはヴィビツキがオペラ『ポルカ』に登場させたほかにも、フランチシェク・カルピンスキやフランチシェク・ドモホフスキがチャルニェツキに取材した詩を書いていた。ただし、チャルニェツキが「大洪水」の際にポズナンをスウェーデンから解放したという事実はなく、また海を越えて祖国に戻ったという事実もない。スウェーデン軍撃退後、チャルニェツキは敵軍を追って海路デンマークま

7.「ボナパルトは我々に手本を示した……」ルドヴィク・フィンケル文、ユリウシュ・コッサク画、アルバム『在イタリア・ポーランド軍団の歌』（ルヴフ、1894年）より。カバー・口絵の彩色絵葉書の元となったもの。

で軍を進めて勝利を挙げ、そののち国王の要請で帰国し、軍はポズナン近郊で冬季の宿営をしたが、帰国は陸路であったという。このあたりの文言はヴィビツキによる思い違いか、あるいは文学的な創造であろう。ちなみにヴィビツキの原稿では「チャルネツキCzarnecki」と誤ってつづられている。

第三連では軍団がイタリアからポーランドの地へと進む道筋が歌われる。ヴィスワ川は現ポーランド領東南部からクラクフやワルシャワを経てバルト海にそそぐ。ヴァルタ川はウッチ、ポズナンなどを経て現ポーランド領西部のオドラ川へと流れ込む。作詞当時に主たる交戦相手であったオーストリアの領土を南から通過してポーランドへといたる道筋が想定されているため、通過する川の順番も東南のヴィスワ川の源流地域、次いで西のヴァルタ川となっていると考えられる。この進路は一七九七年四月のレオーベンの休戦条約以前に存在した、バルカンやハンガリーなど、オーストリアの背後で軍団が攪乱作戦に従事する計画とも関連していると考えられる。ヴィビツキによるオリジナルでは、第二連で歌われたチャルニェツキに続いて祖国を救いに戻ると解釈できる。

第四連では祖国を取り戻すために必要な条件として全員一致の団結が挙げられている。それは分割に

8. 同「ドイツ人もロシア人もいなくなる……」

いたった旧共和国の貴族の党派対立、私利私欲に基づいた行動原理への反省と読めよう。刀と訳したところの原文は幅広の軍刀パワシユであり、ポーランドでは主に騎兵によって用いられた。ロシア人と訳したところは「モスクワ野郎」とでも言うような意味の単語Moskalが用いられている。

第五連では感極まった父親が娘のバシャ(バルバラの愛称)に、イタリアでポーランド軍団の活動が始まったこと、軍団が戦果を挙げていることを語っている様子が描かれる。ポーランドを離れて活動する軍団兵たちに故郷においても注目や支持が集まっているという場面を示すことで士気を鼓舞し、希望を永らえさせることが目的であったろう。女性の名前がなぜバシャなのかという点については、ドンブロフスキが後に再婚することになる女性の名前もバルバラであったことから既にそれを暗示しているという解釈も存在するが、作詞した時点ではそのような将来については分かっておらず、単に韻律の問題と考えられている。すなわち、「我々のnasi」と韻を踏むために当時クラコヴィヤクなどで広く用いられた名前の「バシャにBasi」にしたのであろう。

9.同「父親がバシャに向かって……」

最後の第六連では独立を求める全員一致団結した戦いがコシチューシコ蜂起を受け継ぐものであることが示されている。コシチューシコはジャコバン派のような急進的な農奴制・身分特権の廃止には反対していたものの、分割勢力に対する戦いに全身分の参加の必要性を感じ、蜂起への参加と引き換えに農奴身分からの解放を約束していた。これは貴族身分に限定されていた「国民」が分割と同時並行で起こった改革において徐々に他身分へも開かれるようになったこととも連動していた。「ラツワヴィツェの大鎌」とは、農具である大鎌の刃の向きを付け替えて武器にしたものを手に農民がコシチューシコ蜂起に参加し、一七九四年四月四日のマウォポルスカ地方ラツワヴィツェの戦いでロシア軍に対して勝利を挙げた事を指す。コシチューシコと同じく穏健派のヴィビツキが農民を含めた身分包摂的な独立運動の代表的な成功例として言及したと考えられる。ポーランド軍団が現実に多くの農民兵士を抱えていたこととも関係があろう。またコシチューシコは一七九七年初めに既にロシアのペトロパヴロフスク要塞から解放されており、ドンブロフスキを含む軍団の創設者の

10.同「我々にはラツワヴィツェの大鎌がある！」

あいだで軍団の司令官となることが期待されていた。コシチューシコへの敬意のためか、ヴィビツキの原稿では第六連の後に「進め、進め、ドンブロフスキ」以下の繰り返しがない。なお、第六連の最後の二行を「我々にはラツワヴィツェの大鎌と／コシチューシコがいる。神よ、ご加護を。」と解釈する立場もある。

次章でみるように、「在イタリア・ポーランド軍団の歌」は誕生直後から軍団内外に広まり、伝播の過程で様々な変化をこうむって多数のヴァリエーションが登場した。現在の国歌「ドンブロフスキのマズレク」も大きく見ればそのヴァリエーションの一つである。第一次世界大戦後に定められた現在の国歌の歌詞とオリジナルを比べると、正書法が変わった以外にもいくつかの違いがある。以下、その変化についてみてみよう。

11.「戦いの前の祈り」ユゼフ・ヘウモンスキ画。油彩、1906年。ラツワヴィツェの戦いを前に大鎌を手にした農民兵。

まず顕著な違いとして、現行では順番がオリジナルの第一連、第三連、第二連、第五連の順になり、オリジナルの第四連と第六連は削除されている点が挙げられる。削除された理由として、第四連はドイツやソ連への外交的配慮、第六連は第一次大戦後のポーランドの指導者ユゼフ・ピウスツキが自身への個人崇拝を進めるためにコシチューシコを除外したことなどが挙げられている。ただし、ドンブロフスキやナポレオン・ボナパルトの名は残されていることから、第六連については別の理由が考えられよう。というのも、十九世紀初期の早い段階でオリジナルにあった二連が削除され、この順番で公刊されており（詳しくは次章で述べる）、この構成が普及していたようである。これとは異なる構成のヴァリエーションも知られているが、十九世紀末の時点でフィンケルが著書で引用しているのもこの構成である。そのため、「在イタリア・ポーランド軍団の歌」の代表的なヴァリエーションを踏襲して国歌の歌詞が制定されたということかもしれない。

さらに現在の国歌は先述したように十八世紀のうちに生じた第一連と繰り返し部分の歌詞の変更を継承しているほか、オリジナルの第二連（現行の第三連）に十九世紀初めの時点でなされた変更も踏襲している。それはチャルニェツキが海を越えて戻ったのではなく、彼のように「我々」すなわちポーランド軍団が祖国を救うために海を越えて戻る、という変更である。これは十七世紀の歴史的事実とのつじつまを合わせるための修正であったのかもしれない。その際に想定されている軍団の帰路は、オリジナルの第三連（現行の第二連）とあわせて考えるに、イタリア半島からアドリア海を経てオーストリア帝国領を通りポーランドへ帰るということになろう。またオリジナルの「分割 rozbiór」という単語が現行では「占領 zabór」へと変えられてもいる。

歌の題名も先述のように変化した。「在イタリア・ポーランド軍団の歌」ではなく、第一次大戦後は「ポーランド未だ滅びず」の名で、第二次大戦後から現在までは「ドンブロフスキのマズレク」

の名で呼ばれている。

（三）歌とポーランドのネイション

分割前のポーランド＝リトアニア共和国を含めて十八世紀のヨーロッパではネイションとは国家などの政治的枠組みに基づいてその政治的権利を享受・行使する集団であった。それはポーランド＝リトアニア共和国の貴族を中心とするネイションだけでなく、独立したばかりのアメリカ合衆国やポーランドの国制改革と同時進行で革命が起こっていたフランスのネイションにも当てはまっていた。そのため、国家が消滅すればネイションも消滅すると考えられていた。

実際に三度のポーランド分割によって国家が消滅した際、他国に比して非常に大きかった貴族特権も議会参加などの政治的権利を中心に大幅に縮小され、ネイションをネイションたらしめていたものが消滅した。また旧共和国の貴族たちは新たな国家の君主に忠誠を誓って臣下となり、その意味でロシア人、プロイセン人、オーストリア人となると考えられた。たとえば、タルゴヴィツァ連盟の主導者の一人であったシュチェンスニ・ポトツキはポーランド分割によってポーランド人ではなくなり、「ロシア皇帝陛下の帝国だけを唯一の祖国とし」、「その最も忠実なる臣下の一人」となるとエカチェリーナ二世に宛てた書簡で述べた。また同じく同連盟の指導者の一人であったセヴェリン・ジェヴスキは、ポーランドは滅び、「かつてのポーランド人はめいめい祖国を選ばねばならない。

私はもう永遠にロシア人である」との考えを示していた。積極的にロシア支配を受容するかどうかという点を措けば、タルゴヴィツァ派の者たちだけがポーランド国家の分割・滅亡を不可逆のものと捉えていたのではない。カルピンスキはポーランド国家の消滅によってポーランド人はポーランド人でなくなると考え、ポーランド語を知る人もいなくなると悲観した。またドモホフスキは国家が消え去り、ポーランド語やポーランド文化のみが遺産として残ると考えた。当時一般には、ポーランド分割によってポーランドというネイションは消滅すると考えられていたのである。

12.「祖国の墓」フランチシェク・スムグレヴィチ画（油彩）

　それに対してヴィビツキは、最終的に国家が消滅する第三次分割までの時期にはポーランドのネイションの命脈を国家と結び付けていたものの、第三次分割後に書かれたこの歌では「ポーランド未だ死なず／我々が生きている限り」と歌って、国家ではなく、自らのアイデンティティに自覚的な人間集団にネイションの基盤を置くという新しい考え方を示した。ポーランド人、すなわちポーランドの一員であるという意識を持ち、ポーランドのために尽くす用意のある人がいればポーランドは存在し、また再生しうるとの歌詞は、ポーランドの未来に悲観的なものが主流であった第三次分割直後の文学作品のなかでは異色の、希望を与える宣言であった。一方で、国家とは無関係に人々の心のありようでネイションは存在するのだという宣言は、次の一節にある武器を取って立ち上がるべしという呼びかけとともに、構成員にネイションのために奉仕する義務を課したともいえよう。その点でこの歌は、誕生直後はなによりも武装独立運動への参加を喚起する動員の軍歌であった。しかし、その後の長い分割時代において、歌詞冒頭の一節は国家を失ったポーランドの独立運動を支えるモットーとして武装蜂起に駆り立てる信念を支えただけでなく、人々に国家再興とネイション存続の希望を与えるよりどころとなっていく。

それだけにとどまらない。第五章でみるように、ネイションのことを心にとどめ、そのために活動する人々がいれば国家がなくともネイションは存在しうるという考え、また消滅した国家もネイションの努力によって復活しうるという考えを表明したこの歌は、十九世紀におけるナショナリズムの展開のなかで、ポーランド以外にも帝国に支配されて独自の国家を持たない民族に、あるいは身分的な利害の故に統一した国家を持たない民族に、大いに広がっていくこととなった。ヴィスワ川などの「固有」の領土やチャルニェツキやコシチューシコといった歴史的英雄、身分を越えた一致団結などに言及し、後世のナショナリズムの観点からは定型通りといえる歌詞の構成とともに、冒頭の一節がポーランド以外の民族独立運動・統一運動への歌の波及にひときわ大きな影響を与えたと考えられる。この展開は作詞したヴィビツキ自身の予想をはるかに超えていたことであろう。

ただしヴィビツキも単独でこの歌詞を生み出したわけではなく、分割前十八世紀後半の共和国の思想的・文学的な伝統の影響を受けている。既に第一次分割以降、クラシツキらは作品の中でポーランド＝リトアニアの社会の団結と共闘を、国家を消滅の淵から救うための条件として呼びかけていた。それは、一致団結して改革を行えばポーランド＝リトアニア国家はまだ立ち直れるという期待であり、信念でもあった。また、「在イタリア・ポーランド軍団の歌」以前からヴィビツキはオペラ『ポルカ』などの戦いを鼓舞する内容の詩を書いており、当時の社会においてもクラシツキやカルピンスキ、ドモホフスキら詩人が筆の力によって世論を導こうとしていた。「ポーランド未だ死なず」あるいはのちの「ポーランド未だ滅びず」という表現についても、アダム・カジミエシュ・チャルトリスキの秘書を務めチャルトリスキ家のお抱え詩人ともなったフランチシェク・ディオニジ・クニャジニンが詩『新年、一七八三年』において「兄弟よ、一致団結しろ／そうすればポーランドはまだ滅びないだろう **A jeszcze Polska nie zginie**」という表現を既に用いていた。また、「異国の暴力がポーランドから奪ったもの」という表現もトマシュ・ヴェンギェルスキが既に用いていた。その意味で、「在イタリア・ポーランド軍団の歌」の歌詞はヴィビツキ自身によるものを含めて分割前のポーランドの思想・文学表現の流れを受け継いでおり、文学作品自体としての目新しさはなかった。それでも、第三次分割による完全な国家消滅の後であっても一致団結した戦いによって祖国の独立を回復できるという歌詞は、ヴィビツキ独自の希望に満ちた宣言であったのである。

それではヴィビツキが念頭に置いていたポーランドのネイション、ポーランド人とはどのようなものであったのだろうか。分割前後の政治的状況とこの歌の歌詞全体から、その垂直的な広がり（身分の問題）と水平的な広がり（領域的な範囲）についてふれておきたい。

ポーランドのネイションの身分的な広がりについては既に述べてきたこととも重複するので簡単に述べるにとどめる。分割前のポーランド＝リトアニア国家では国家の政治的枠組みに基づいてその政治的権利を享受・行使する集団という意味でネイション（国民）は貴族に限定されていた。それが国制改革期の身分制度改革とともに都市民に一部の政治的権利が拡大され、農民についてもたとえば「国民軍」、「国民蜂起」、「国民教育」などの分野においてネイションに包摂されるようになるなど、下位身分への拡大が徐々に進行していた。それはヴィビツキの歌詞第六連にも現われていよう。

ついで領域的な範囲についてである。ポーランド＝リトアニア共和国はポーランドとリトアニアの合同が進むにつれてポーランドが中心的な位置を占める国家となり、国の格としてもポーランドは王国、リトアニアは大公国であったことから、次第に共和国全体がポーランドと呼ばれるようになっていった。リトアニア大公国貴族の反対は強かったものの、特に国際的には共和国はポーランドと呼ばれるようになった。それに伴って人的集団としても、共和国全体を指す広義のポーランドという意味で共和国の貴族が民族的な出自にかかわらずポーランド人と呼ばれた（他方でポーランド語を話す農民は、近世の身分制度のもとで政治的権利を有しなかったことから長らくポーランド人の範疇には含まれていなかったのである）。

したがって、ヴィビツキが念頭に置いていた「ポーランド」とは旧共和国全体を指すものであり、ポーランド王国のみを指していたわけではない（分割前、ポーランド王国はむしろ「王冠領 Korona」と呼ばれていた）。実際、ポーランド軍団の指揮官にもリトアニア大公国出身者がいたほか、コシチューシコ自身も同国の出身であった。分割後旧共和国領全体に広がった独立運動の際に非ポーランド語地域でも「ドンブロフスキのマズレク」は歌われた。

だが先回りしていうならば、十九世紀後半以降この地域にエスノ・ナショナリズムが浸透すると、「ポーランド」の語はポーランド語を話すポーランド人が多数を占める地域を指すことが多くなる。広義のポーランドと狭義のポーランドの間に呼称の上での違いがなかったことで、「在イタリア・ポーランド軍団の歌」は矛盾なくポーランドのエスノ・ナショナリズムの民族的シンボルにもなっていく。歌詞に歌われた川の名も現在のポーランドを流れるヴィスワ川とヴァルタ川であり、チャルニェツキもポーランド王国で同国軍を率いて戦った。また偶然にも、作詞者のヴィビツキと歌を捧げられたドンブロフスキの生地は分割前のポーランド王国の、また第一次・第二次世界大戦後のポーランドの領域に含まれていた。

第三章　歌の普及と変容

（一）軍団での受容と旧ポーランド領への浸透

「在イタリア・ポーランド軍団の歌」はその後どのような運命をたどったのだろうか。前章でも既に少しふれたが、この歌は現代まで歌い継がれるなかで政治的・社会的状況に合わせて歌詞が変化したり、あるいは自由な翻案や替え歌が多数登場したりして、オリジナル（に近いもの）とともにさまざまなヴァリエーションが歌われた。もちろんそのなかには歌詞や楽譜が公刊される前から口伝あるいは筆写で広まっていく間に誤って伝えられたために生じたと考えられるものもある。これらの細かい異同を除くと、歌のヴァリエーションには、（1）時代状況に合わせてドンブロフスキの名を当時の指導者の名に変える変更が中心のもの、（2）指導者の名前とともにその他の歌詞も大幅に変えたもの、（3）「ポーランド未だ滅びず」の冒頭部分を残してその他を変えたもの、（4）メロディーのみが同じで、歌詞はほとんど異なるものに大別できよう。

本章では歌の普及とそのヴァリエーションについて誕生直後から述べていきたい。

ヴィビツキによる作詩後、「在イタリア・ポーランド軍団の歌」はポーランド軍団がかかわる式典や軍団の行進、あるいは都市への入城や出立の際に演奏されることとなった。また、イタリアでの戦場においても奏でられることとなった。同年八月二十九日付でドンブロフスキがボローニャからヴィビツキに宛てた書簡によれば、既にこのとき軍団の兵士たちはヴィビツキの歌をますます好むようになり、将校たちはしばしば口ずさんでいたという。ドンブロフスキがこの歌を好んだのは先述の通りだが、それ以外の将校の間でもしばしば書簡で言及されるなど支持を得ていた。

ちなみに、ポーランド亡命者のうち、代表部は対立する代表機関が創設したフランスのもとで働くポーランド軍団を評価せず、軍団歌についても欺瞞的であると批判していた。だが、一七九七年夏の時点でポーランドの亡命者のうち大多数が軍団に集っており、軍団は大半の亡命者から支持されていたと言えよう。

歌詞の変容はその誕生直後、軍団内で既に始まっていた。一七九七年十月にカンポ・フォルミオ条約でフランスとオーストリアの和約が結ばれ、ポーランド軍団の故郷への帰還が無期限で遠のいてからは「いかに勝つべきか」に代えて「いかに護るべきか」と歌われた。また、ナポレオンによって一七九九年に創設されてライン方面で戦った沿ドナウ軍団の司令官であったカロル・クニャジェヴィチによる一八〇〇年六月二十七日のヴィビツキ宛ての手紙では、同軍団では「ボナパルトは我々に手本を示した」に代えて「ボナパルトが我々を教えたから」と歌われたとある。

政治的状況による変化もあれば、兵士たちのあいだで自然発生的に替え歌が生じたこともあった。ポーランド軍団の将校でドンブロフスキと対立していたピョトル・バジリ・ヴェジュビツキは、兵

13.ドンブロフスキのポズナン入城
（19世紀の挿絵の復元）

士たちがふざけて、ナポレオンが「いかに勝つべきか」ではなく「いかに略奪すべきか jak rabować mamy」教えたと歌っていたこと、また「進め、進め、ドンブロフスキ、イタリアの地からチェンストホヴァの聖母マリアへ」と歌っていたことを記している。彼によれば、軍団兵は当初この歌を冷かしており、十一月蜂起の際にようやく大きな人気を博したとのことである。また他の資料では、一七九九年に軍団がナポリやジェノヴァ近郊に陣取っていて過酷な飢えが軍団を襲った際に、繰り返しの部分が「そなたの導きのもと／我らは皆飢え死にしよう」と歌われたという。歌詞もメロディーも著作権で守られ固定されている現代とは異なって、当時の歌は様々な変化を受けるものであり、特に軍歌や流行歌はそうであった。それはフランスの「ラ・マルセイエーズ」に膨大な数の替え歌が誕生した事情と大差ないかもしれない。

「ポーランド軍団の歌」は誕生後まもなくイタリアからポーランド本土へと広まった。伝播の経路はまずイタリアからオーストリア領ポーランドへ、そののちワルシャワを含む北のプロイセン領へ広がったと考えられている。イタリアから故郷へ戻ったポーランド軍団兵の数はこの時点では限定的であったろうから、地下活動家と関係のあった貴族あるいは外国滞在中に歌に接した貴族らによって伝播したと考えられる。早くも一七九八年、オーストリアの警察はラジンやルヴフでポーランドの愛国的かつ不穏な歌謡について報告しており、ポーランド軍団の歌の歌詞や「ドンブロフスキのマーチ」といった名称が書きとめられている。その歌の歌唱には女性も積極的に参加していたという。前章でみたように、既に十八世紀のうちに現代まで受け継がれる歌詞の修正・変更がなされていたが、この変化が起きたのもポーランド本土であると考えられている。

ワルシャワでは十八世紀末、サピェハ公夫人がノヴィ・シフャト通りにあった彼女のサロンで初めて歌ったとされている。そのほかにも貴族や都市のエリートの間で書き写された様々な手稿のヴァリアントが残っている。

また、フランスとプロイセンとの交戦に伴って、一八〇六年秋にイタリアから戻ったドンブロフスキが既にプロイセン領に戻っていたヴィビツキとともにポズナンに姿を現してポーランド軍団の再結成を呼びかけた際、彼らは街のあちこちでポーランド軍団の歌で迎えられた。また、ドンブロフスキは解放されたその他の都市に入城する際もこの歌で迎えられるなど、既にプロイセン領のヴエルコポルスカ地方にもポーランド軍団の歌は広まっていた。

(二) 刊行された軍団の歌

それでは、「在イタリア・ポーランド軍団の歌」はいつどのようなかたちで公刊されたのだろうか。ポーランド軍団のなかで教育・広報目的で作られていたツィプリアン・ゴデプスキ編集による手書きの『旬日《デカダ》』(あるいは『軍団の旬日《デカダ・レギオヌフ》』、または『ポーランドの旬日《デカダ・ポルスカ》』とも)の一七九九年第一号に「在イタリア・ポーランド軍団の歌」が発表されたと伝えられているが、これは現存せず、今のところ実際に研究者によって確認されてはいないようである。

現存するもの、そして印刷されたもののうちで最も古いものについてはフィンケル、ユリウシュ・ヴィローム、パホンスキ、ディオニザ・ヴァヴジコフスカ゠ヴェルチョホヴァ、ヴォイチェフ・J・ポドグルスキらの研究者のあいだで情報が錯綜している。

出版年のほぼ明らかなものとしてはワルシャワ刊の『一八〇七年携帯用愛国カレンダー』に「愛国的な歌」との題で収められたものがある。このテキストは一九一七年にルツィウシュ・コマルニツキが著書『十九世紀ポーランド文学史』(一九一七年、第一部)の中で公刊した。残念ながらカレンダーの原文はポーランドの主要図書館で探し当てることができず、本書ではコマルニツキが刊行したテキストを用いることとする(この点に問題がないわけではない。すなわち、コマルニツキが公刊した歌詞は第四連までしかないが、イグナツィ・フシャノフスキによればコマルニツキが発見した原本では歌詞が第六連まで存在したという。またヴィロームによれば一八〇六年の「愛国的な歌」

はビラとして出版され、歌詞が第六連まで存在する一方、ワルシャワ公国創設後に出版されたカレンダー付録の方の歌詞には第四連までしか存在せず、歌詞の表現も一部変更され、コマルニツキが公刊したものと異なっているという。しかし、これらの相違点は、現存する最古の印刷物に関して後述する本書の考えとは矛盾しないと思われる)。

「愛国的な歌」とは別に、ポーランド語とフランス語の歌詞が併記され「ドンブロフスキのマズレク」との題が付された出版者・出版年・出版地のないビラがある。これはフィンケルがイエジ・モシンスキの図書館で発見し、その著書(一八九四年刊)のなかでテキスト(ポーランド語のみ)を公刊した。フィンケルはその図書館の司書の言として、カロル・エストライヒャーが『ポーランド書誌目録 十九世紀』第五巻で一八〇八―一〇年にグダンスクで出版されたものとして挙げている本の一部にこれが該当するという考えを紹介している。いわゆるグダンスク版の「ドンブロフスキのマズレク」である。だが、フィンケルの公刊したビラの文言やその他の特徴と合致するものは、ヴィロームやポドグルスキによればルブリン・カトリック大学図書館が所蔵するビラのみで、両者はこれを一八〇六年にワルシャワで刊行された現存する最古の印刷と考え、グダンスク版の存在には否定的である。このビラにはポーランド語の歌詞にもフランス語の歌詞にも「ポーランドの地からイタリアへ」という特徴的な間違いが存在するが、それも含めて、フィンケルの公刊したテキスト、ルブリン・カトリック大学所蔵のビラ、そして後述する一八二九年にレオナルト・ホチコが公刊した楽譜に付された歌詞の三点は文言がすべて一致し、タイトルもフランス語訳(フィンケルが公刊したビラのフランス語訳については不明）も同一である。

　この出版年不明のビラが一八〇六年に刊行されたと考えられる根拠としてポドグルスキは、一八〇七年のカレンダー付録の歌詞と類似しており、このビラにあった「ポーランドの地からイタリアへ」との間違いがカレンダー付録の方では修正されている点を挙げている。だが歌詞を詳細に検討してみれば両者には類似点のほかに相違点もあり、必ずしも「愛国的な歌」の方が後で出版されたとは言えないように思われる。以下、両者の歌詞を検討してみたい。

　まず、共通点として「愛国的な歌」ならびに出版年不明の「ドンブロフスキのマズレク」のビラはともにヴィビツキの歌詞の「ドイツ人も、ロシア人も」から始まる第四連とコシチューシコが登場する第六連を削除し、第二連と第三連の順番を逆にした構成を採っている。ヴィビツキによる歌

MAZUREK
DĄBROWSKIEGO.

1.
Jeszcze Polska nie zginęła
Kiedy my żyjemy!
Co nam obca przemoc wzięła
Szablą odbierzemy.
Marsz marsz Dąbrowski
Z ziemi Polskiej do Włoski,
Za twoim przewodem
Złączym się z narodem.

2.
Przejdziem Wisłę przejdziem Wartę
Będziem Polakami,
Dał nam przykład Bonaparte
Jak zwyciężać mamy.
Marsz marsz. etc.

3.
Jak Czarniecki do Poznania
Po szwedzkim zaborze,
Dla ojczyzny ratowania
Wrócim się przez morze
Marsz marsz. etc.

4.
Mówił ojciec do swej Basi
Cały zapłakany,
Słuchaj jeno pono nasi
Biją w tarabany.
Marsz marsz. etc.

1.
Non tu n'est point sans défenseurs
O Pologne chérie:
Nous ravirons aux oppresseurs
Ta puissance flétrie
Dombrowski courons
Volons vers l'Italie;
Bientôt nous reverrons
Notre belle patrie!

2.
Que la Vistule et la Varta
N'arrêtent plus ta gloire,
Et Bonaparte guidera
Nos pas à la Victoire.
Dombrowski. etc

3.
Jadis Czarniecki des eaux
Sut braver la furie;
Comme lui franchissons les flots
Pour sauver la patrie
Dombrowski. etc.

4.
Un vieillard répandait des pleurs
Et disait à sa fille
"Le tambour fait battre leurs coeurs
"Et leur regard petille:
Dombrowski. etc.

14.「ドンブロフスキのマズレク」のビラ
ルブリン・カトリック大学図書館所蔵。出版年不明。

詞の第二連内部の順番も入れ替えられており、詩の構成は現行の国歌の歌詞と同じである。また第一連の歌詞も既に現行の歌詞と同じ「滅びず」という表現になっている。

このように比較的類似点の多い両者であるが、細かい文言の点ではどちらかといえば「愛国的な歌」の方がよりオリジナルに近い表現をとどめている。たとえば、ヴィビツキによる歌詞の第二連が「愛国的な歌」の方では行の順番が入れ替わっただけなのに対して、出版年不明のビラでは行の順番を入れ替えたうえで「我々が海を越えて戻る」となり、「占領」と単語も変えられ、現在の国歌の歌詞と同じものになっている。「愛国的な歌」では繰り返しの語順は「イタリアの地からポーランドへ」と既に変わっているが、第二連では「チャルネツキ」と表記が不正確なままである。また元の第五連（現行の第四連）の「もうあちらでは父親が……涙ながらに語っている」が、「愛国的な歌」ではポーランド本土で歌うことを想定して「ここでは父親が……泣きぬれて語っている」と変えられているが、出版年不明のビラでは既に旧ポーランド領で戦いが展開されていることを受けてか、「父親が……すっかり涙ながらに語った」とさらに大きく変化している。

したがって両者のうちのいずれが古いかという点についてはポドグルスキが言うほど簡単に判断できず、むしろ「愛国的な歌」の方が古い可能性もある。一八二九年刊行の楽譜の歌詞と同じであることを考えれば、出版年不明のビラがそれとほぼ同じころ、遅くとも一八三一年までに出たとは考えられるが、一八〇六年刊行と断定できないのではないだろうか。ちなみに、出版年のないビラはルブリン・カトリック大学のみの所蔵とされているが、全く同じビラがワルシャワの国立図書館にも存在し、一八三〇－三一年の十一月蜂起の際のビラとして所蔵文献目録に登録されている。

では、オリジナルの歌詞のうち二連が削除された理由は何だろうか。少なくとも一八〇七年用のカレンダーの方はワルシャワ公国創設前後の時期に出版されたと考えられることから、歌もフランスの支援と介入を受けて出版され、そのためフランス語訳も付して出版されたと考えられる。そしてこの頃既にコシチューシコがフランスとの協力を拒否していたため、第六連が削除されたのであろう。ヴィロームが指摘するようにもしティルジット条約後にカレンダーが出版されたのだとすれば、外交的配慮として反ドイツ・反ロシア的性格の第四連を削除したとも考えられる。

いずれにしても、ワルシャワ公国創設前後の時期にこの曲が初めて印刷物として普及し、それから遠からぬ時期に既に「ドンブロフスキのマズレク」という名で呼ばれていたことがわかる。「在イタリア・ポーランド軍団」は既になく、またドンブロフスキは当時継続中であった戦いの指揮官でもあったことから、彼の名を冠して呼ばれたのであろう。

ただしパホンスキによれば、ポーランド軍団の流れを汲むナポリ王国付属ポーランド連隊連隊長ユゼフ・グラビンスキが一八〇六年十二月九日にミラノから、既にポーランドに滞在していたドンブロフスキに宛てた書簡において、進軍の円滑化のために軍団歌を利用しようと考えて、「尊敬するヴィビツキの歌を印刷するよう命じた。『進め、進め、ドンブロフスキ、イタリアの地からポーランドへ……』」としたためている。これに相当するパンフレット類は発見されていないものの、先述のものより先にポーランド国外で既に「在イタリア・ポーランド軍団の歌」が印刷されていた可能性も否定できない。

　初めて楽譜、すなわちメロディーと歌詞が一体となって公刊されたのはようやく一八二九年のことである。ホチコによるフランス語の著作『在イタリア・ポーランド軍団の歴史』（パリ刊）の付録として、ヴォイチェフ（アルベール）・ソヴィンスキ編曲によるピアノ伴奏が付けられた楽譜が、ポーランド語の原文（作詞者の名前はない）とG・フュルジョンスのフランス語訳とともに刊行された。その際の歌の名前はフランス語で「ポーランドの民族的な歌——ドンブロフスキのマズレク」であった。ちなみにビラではなく書籍として公刊されたのもこの時が初めてである。

15.「ドンブロフスキのマズレク」の楽譜
L・ホチコ『在イタリア・ポーランド軍団の歴史』第一巻（1829年刊）付録

（三）ワルシャワ公国期

一八〇六年秋、フランスとプロイセンの対立に伴ってプロイセン領旧ポーランドの解放のためにドンブロフスキとヴィビツキが同地でポーランド兵を動員した際、彼らはポズナンその他のヴェルコポルスカ地方の都市で「ドンブロフスキのマズレク」によって迎えられた。また一八〇六年末から一八〇七年初めのワルシャワでも「進め、進め、ドンブロフスキ」と、この歌が盛んに歌われた。前節でみたように、おそらくこの時期にフランスの介入もあって愛国的な歌として「ドンブロフスキのマズレク」が印刷出版されたのである。

その後、一八〇七年七月、フランスとロシア、プロイセンのあいだで結ばれたティルジットの講和条約によってプロイセンに併合されていた旧ポーランド領からワルシャワ公国が創設された。ヴィビツキはワルシャワ公国創設時には臨時政府委員会のメンバーとなり、創設後は公国の元老院の議席を与えられた。ワルシャワ公国は名目上独立国であったが実質的にはフランスに従属する国家であり、フランスから駐在官が派遣された。またフランス型の中央集権的な行政・司法制度や、いわゆるナポレオン法典を含むフランス型の法が導入され、それに伴って法の下の平等と農奴の人格的自由が認められた。一方で議会制度などにはポーランドの伝統が反映され、高官や官吏、軍の将校は地元出身者で占められた。このワルシャワ公国において「ドンブロフスキのマズレク」は国歌的な存在となり、また多くの式典などで愛国的感情を盛り上げるために用いられた。だが、国家と結びついた「ドンブロフスキのマズレク」が他の愛国歌と比べてより重要な位置を占めていたとはいえ、公式の国歌ではなかった。以下で詳しく見てみよう。

一八〇七年、ワルシャワ公を兼ねることとなるザクセン王フリードリヒ＝アウグストは、ワルシャワに向かう際に立ち寄ったポーランド西部の小都市カルゴヴァで「ドンブロフスキのマズレク」によって迎えられた。公国創設前の一八〇七年六月十六日、ドンブロフスキ率いる師団も参加したフリートラントの戦いでフランス勝利との報が入ったワルシャワでは、記念の祝賀行事で公に「ポーランド未だ滅びず」が演奏され歌われた。

だがワルシャワ公国創設以降、「ドンブロフスキのマズレク」は公国の軍事大臣ユゼフ・ポニャトフスキ（一七六三―一八一三年）と同歌の主人公であるドンブロフスキとの間の軋轢を避けるために、公国創設前の一連の戦役の時のように盛んに歌われることはなくなった。また「ドンブロフスキのマズレク」が公の場に登場するとしても、歌われるのではなく歌詞なしで楽器演奏されることが多かったという。それはポニャ

16.「ユゼフ・ポニャトフスキ」
フランチシェク・パデレフスキ画（1814年）

トフスキが象徴する大貴族の勢力をドンブロフスキというより民主的な勢力よりも重用したナポレオンのプロパガンダと連動していたのかもしれない。一八〇七年十一月半ば、ポズナンに入ったワルシャワ公フリードリヒ＝アウグストは「ドンブロフスキのマズレク」ではなく他の歌で迎えられた。

ワルシャワ公国にとって初めての対外戦争が起こった一八〇九年、ようやく「ドンブロフスキのマズレク」が頻繁に登場するようになる。この年、オーストリアはスペインでのフランスの苦境を利用してフランスに宣戦した。一連の戦いのなかでオーストリア軍はワルシャワ公国にも侵攻したが、公国は逆にそれを破り、オーストリア領旧ポーランドへ領土を拡大した。この戦争の際、いくつかの戦場で「ドンブロフスキのマズレク」が歌われたほか、ポニャトフスキ自身が七月に公国軍を率いて解放されたクラクフに入城する際にこの歌のメロディーを伴っていた。オーストリア戦の勝利を祝う軍のための舞踏会が同年十二月十八日にワルシャワで催された際は、「有名なマズレク」などが演奏されたと『ワルシャワ新聞《ガゼタ・ヴァルシャフスカ》』一二〇号は伝えている。この軍をポニャトフスキに代わってワルシャワまで率いたのはドンブロフスキであった。この年のフリードリヒ・アウグストの誕生日を祝う舞踏会でも同様に「ドンブロフスキのマズレク」が演奏された。翌年のポズナン市によるドンブロフスキの「名の日」の催しでも朝から「大好きな『ポーランド未だ滅びず』の歌」が演奏され、夕べの舞踏会ではドンブロフスキとヴィビツキがこのメロディーを指揮したという。

一方で公国の国家的な儀式にはカトリックのミサが付随し、その際には「テ・デウム・ラウダムス」（神よ、そなたを称賛する）が歌われた。むしろ国歌としての性格を有したのは「テ・デウム」の方であり、ヴィローム の指摘のように、「ドンブロフスキのマズレク」はなによりも軍歌としてワルシャワ公国時代に広まったのであった。

一八一二年、ナポレオンが大陸軍を率いてロシアを攻めた際、ワルシャワ公国はフランスの従属国中最多の兵員を送り、また補給基地としても多大の物資を提供して、ナポレオンのロシア遠征にロシア帝国に併合された旧共和国地域の解放を賭けた。ドンブロフスキやポニャトフスキも兵を率いて参戦したこの戦いで「ドンブロフスキのマズレク」がロシア領へも広がった。旧リトアニア大公国の首都ヴィルノ（ヴィリニュス）でリトアニア臨時政府が結成され、ロシア領のポーランド貴族もナポレオン軍に参加した。だが、結局この遠征はロシア軍の抵抗と冬将軍の前に失敗に終わり、ナポレオンの失脚につながる。ポニャトフスキは一八一三年のライプツィヒの戦い（諸国民戦争）で戦死した。一七九七年に創設されたイタリアのポーランド軍団のなかで一八〇七年以降もポーランド・イタリア軍団、沿ヴィスワ軍団と名を変えながらナポレオンのもとでスペイン独立戦争などの激戦を戦った者たちはロシア遠征の全行程をフランス軍とともにした。すなわち、フランスから祖国を通過してロシアへ、そして敗残兵としていったんフランスに戻り、ナポレオン退位ののちようやくポーランドへ帰国したのであった。「ドンブロフスキのマズレク」はこれらの戦いや行軍においてもポーランドの兵士とともにあった。

㈣ ポーランド王国期

一八一五年、ナポレオン失脚後のウィーン会議によってワルシャワ公国の大部分からロシア皇帝が国王を兼ねるポーランド王国（分割前のポーランド王国と区別して通称は「ポーランド会議王国」）が、またポズナンを中心とする地域にはプロイセンと同君連合となるポズナン大公国が、またクラクフにはクラクフ自由都市（クラクフ共和国）がそれぞれ創設された。

ポーランド王国はワルシャワ公国時代の憲法や諸制度の影響を受けつつも、ポーランドの分割前の事情を考慮した独自の憲法と議会が設けられた、ポーランド人中心の国家であった。ロシア領から親ロシア派のポーランド貴族であるアダム・イェジ・チャルトリスキやクサヴェリ・ドゥルツキ＝ルベツキらが加わったほかは、ナポレオン戦争期にロシアと戦った者に対しても恩赦が与えられて、ワルシャワ公国時代の指導者層との連続性が見られた。ドンブロフスキには元老院の議席が、ヴィビツキにはそれに加えて最高裁判所長官の要職が与えられた。この当時、ロシアの皇帝《ツァーリ》アレクサンドル一世はポーランド問題に理解を示し、またロシア国内でも憲法案の作成など自由主義的な政策をとっており、ポーランド王国とロシア帝国西部諸県（ロシアに直接併合された地域で、旧リトアニア大公国のほぼ全域と旧ポーランド王国東南部に相当する）をいずれ結びつけるだろうという希望が当時のポーランド社会にあった。とはいえポーランド王国はツァーリによる専制を敷くロシア帝国との同君連合であり、君主の代官が置かれてユゼフ・ザヨンチェクが任命された。またロシア支配を実質化するものとして、アレクサンドル一世の弟コンスタンチン大公が王国軍最高司令官になり、ロシアのセナト（元老院）評議員ニコライ・N・ノヴォシリツォフが帝国委員として王国の行政評議会に加わった。

一八一六年のポーランド王国創設一周年の記念にコンスタンチン大公の命によって詩人で劇作家のアロイジ・フェリンスキ（一七七一－一八二〇年）作詞、第四歩兵連隊少尉のヤン・カシェフスキ作曲で「ポーランド軍最高司令官の命で歌唱に付される、ポーランド王国創設一周年記念賛歌」が誕生した。イングランドの「神よ、王を護りたまえ」の影響を受けて作られた国王アレクサンドル一世に捧げる歌は、ポーランド王国において公式の王室歌として扱われた。

神よ、そなたはポーランドをこのように
　何世紀もの間

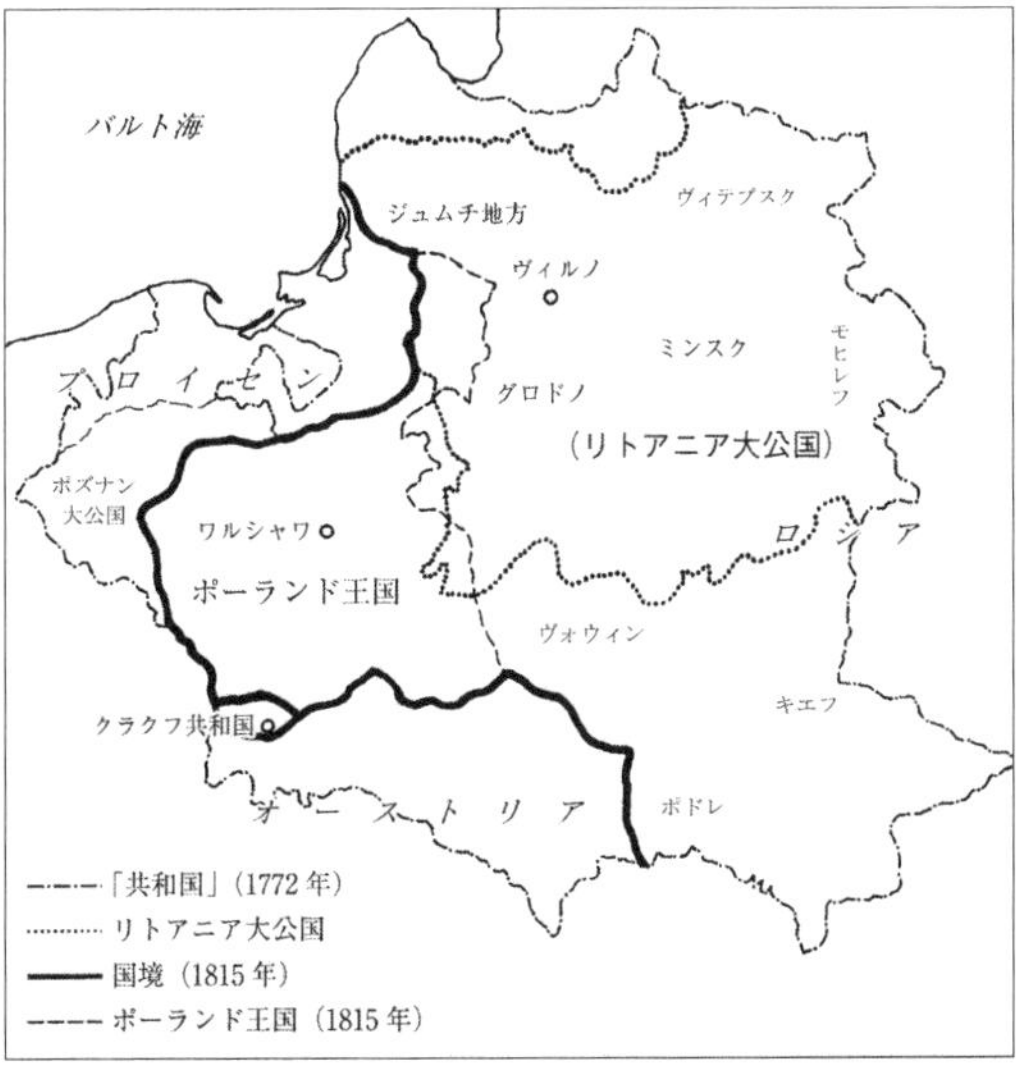

地図2　1815年の旧ポーランド＝リトアニア共和国地域

力と栄光の輝きで包み、
ポーランドを押しつぶすことになる不幸から
自らの庇護の盾でそれを護ってきた。
＊そなたの祭壇の前で我々は懇願する、
主よ、我々の国王を護りたまえ！

汝、そなたはポーランドの没落に心動かされたのちは
最も神聖な大義のために戦うポーランドを支え、
全世界をその勇気の証人にしようと望んで
不幸のただなかでその名声を高めた。
（＊繰り返し）

汝、そなたは最後に新たな奇跡によってポーランドを
復活させ、相互の敗戦から、栄光ある
二つの兄弟民族を互いに結びつけた、
平和の天使の一つの王笏《しゃく》の下で。
（＊繰り返し）

新たなポーランドに古来の栄光を復活させよ。
そして彼のもとでポーランドが幸福になるように、
二つの仲の良い民族が繁栄するようにせよ。
そして彼の治世を祝福せよ。

（＊繰り返し）

この歌は一八一八年に「国王の繁栄を願う国民の歌　神よ、ポーランドを」と改名され、一部文言が変更されたうえで編曲された。

この公式の歌とは別に、フェリンスキによる歌詞のうち第三、第四連を削除し、代わりにアントニ・ゴレツキによる愛国的な「自由を護る神への賛歌」（一八一七年）の歌詞と融合させ、繰り返し部分の「主よ、我々の国王を護りたまえ」を「主よ、我々の祖国を祝福したまえ」あるいは「主よ、祖国と自由を祝福したまえ」に変えた歌が、誰の手によるものかは明らかでないが一八二〇年代に出来上がる。のちにさらにメロディーも変化して、近代ポーランドのもう一つの代表的愛国歌「神よ、ポーランドを」がここから誕生することになる。これについては第六章で述べる。

では、ポーランド軍団が敵国として戦ったロシアの君主が王位を兼ね、別の公式の王室歌が存在するポーランド王国において、「ドンブロフスキのマズレク」はどのような位置に置かれていたのだろうか。実は一八三〇－三一年の十一月蜂起が敗北するまでこの歌が禁じられていたわけではなかった。ワルシャワ公国時代と比べれば公式に演奏されることは少なくなったとはいえ、コンスタンチン大公はワルシャワのサスキ広場で「ドンブロフスキのマズレク」のメロディーで王国軍の閲兵式を行ったこともあった。一説には大公自身がこの曲を好んでいたともいわれる。

また、音楽家の間でも「ドンブロフスキのマズレク」はモチーフとして用いられた。早くもワルシャワ公国時代の一八〇九年十二月に、のちにショパンの師となるユゼフ・エルスネルがワルシャワ学術友好協会で「ヤン・ソビェスキの賛歌」や「コシチューシコのポロネーズ」とともに「ドンブロフスキのマズレク」をモチーフとして含む「勝利の行進曲」を演奏している。そののち、ポーランド王国時代の一八一八年にエルスネルはオペラ「ウォキェテク」においても「ドンブロフスキのマズレク」その他のポーランドのメロディーを取り入れている。

ヴァイオリン演奏家スタニスワフ・セルヴァチンスキが一八二一年十月に国民劇場で演奏をした際、「コシチューシコのポロネーズ」や「ドンブロフスキのマズレク」から成るメドレーを披露し、大喝采を浴びたという。そこに過度の愛国心を見たワルシャワ市は、翌二二年二月に予定されていたカロル・クルピンスキによる「ポーランド未だ滅びず」をテーマとした「大フーガ」のコンサートをロッシーニの前奏曲に変えさせたと考えられている。クルピンスキの「大フーガ」はようやく十一月蜂起中に初演された。

このように許容範囲には一定の限界があったものの「ドンブロフスキのマズレク」はポーランド

王国時代も公に演奏され続けた。もちろん私的な場での演奏や歌唱にまで制限が及んでいたとは考えにくい。むしろ十一月蜂起以前は、ポーランド王国軍の軍歌、あるいはポーランドの歌としての「ドンブロフスキのマズレク」がポーランド王国君主であるツァーリへの忠誠と矛盾しなかったともいえる。

「在イタリア・ポーランド軍団の歌」はワルシャワ公国消滅後も歌い継がれていった。それにもかかわらず、軍団関係者を除くと当時の人々は作詞者についてあまり正確な知識を持っていなかった。その背景としては当時の文学的権威であったニェムツェヴィチとヴィビツキの折り合いが悪かったこと、それと関係して印刷されたビラの多くには作詞者の名前が記されていないなど、ヴィビツキの名を付けて「ドンブロフスキのマズレク」が広められることが少なかったこと、また軍団兵で故郷に戻ったものはそれほど多くなく、しかも時代の経過とともに実情を知る人がさらに少なくなったことなどが挙げられよう。ちなみに、ドンブロフスキは晩年ポズナン大公国領にあった所領のヴィンナ・グラに引退し、そこで一八一八年に没した。ヴィビツキは公職から引退後、同じくポズナン大公国領の所領マニェチキで一八二二年に亡くなった。一般のポーランド人の間では作詞者についての知識は乏しく、ポーランド軍団の軍団兵が全員あるいは集団で作ったとの説などもあった。十九世紀末に、ユリウシュ・コッサクのイラストを付けて有名になったフィンケルの一八九四年の著『在イタリア・ポーランド軍団の歌』などでヴィビツキの自筆原稿のファクシミリ版が公刊されたことで、ようやく正しい作詞者がポーランド社会で認識されるようになっていく。

第四章　民族的シンボルとしての「ドンブロフスキのマズレク」

（一）十一月蜂起

ポーランド王国では一八一八年、一八二〇年と開催された議会で早速政府に対する批判が相次ぎ、政府による議案の多くが否決された。こうした事態によってアレクサンドル一世は立憲政への不満を高め、ポーランド王国の立憲政は徐々に制限されていく。憲法で二年に一度開催されると定められていた議会もその後は一八二五年に開かれたのみで、基本的には公開されていた議事も同年の議会では一部非公開とされた。こうした立憲政に対する制限にポーランドの社会では徐々に不満が強まっていた。

コンスタンチン大公はポーランド王国軍に対して行進の強行や将校に対する粗野な扱いを繰り返すなどして、将校との間でたびたび衝突を起こしていた。大公によって十数名の将校が自殺に追い込まれ、社会からも不評を買っていた。また、ポーランド王国では検閲制度が復活され、大公のもとで秘密警察も導入された。

一八二五年十二月のニコライ一世即位に関連してロシアで起きたデカブリストの乱が失敗に終わ

ると、デカブリストと関係があったポーランド王国内の愛国協会も摘発された。ポーランド王国の憲法を無視して愛国協会のメンバーをも大逆罪で処刑しようとしたニコライに対して、ポーランド王国政府は法に基づいて元老院で彼らの裁判を行い、一八二九年、秘密結社に属していたことのみを罰する判決を言い渡した。この一件でニコライ一世とポーランド王国の社会との反目はより深まることとなった。

一八三〇年十一月、ロシアがフランスやベルギーでの革命に対する干渉のためにポーランド王国軍の徴兵を開始するという情報が流れた。それを受けて同月二十九日、ポーランド王国軍の若い将校や歩兵士官候補生、一部の市民がコンスタンチン大公の居城ベルヴェデレ宮を襲撃した。コンスタンチン大公は難を逃れたが、蜂起側はワルシャワの民衆とともに武器庫を襲い、民衆が武器を手に入れたことで、蜂起側がワルシャワを支配し、十一月蜂起が始まることとなる。

しかし、ベルヴェデレ宮襲撃時点で既にポーランド王国の社会全体に反ロシア蜂起の機運が高まっていたわけではない。十一月蜂起の時代は分割前から活躍していた啓蒙の世代と新しく台頭しつつあった若いロマン主義の世代が併存しており、両者の蜂起に対する考えは異なっていた。また政治的な立場や社会層による相違も大きかった。国王への「忠誠」は伝統的な抵抗権と一体であるということ、すなわちポーランド王国の国制・憲法・自由を守る君主には忠誠を誓い、守らない君主には抵抗する権利があるという考え方は広くポーランドの社会に存在していた。とはいえ、啓蒙の世代にとっては権利を守らない君主への抵抗も秩序だったものでなければならず、ロシアとの政治的な交渉や妥協の余地も残されていると考えられていた。他方で、ポーランドの国制と憲法、そして自由は独立によってこそ最もよく守られると信じ、ロシアとの対決を辞さない急進的な考え方が若い世代には存在した。この考えに立つ者は地下活動や蜂起によって独立を達成しようとした。しかし、啓蒙の世代にとってはこうした考え方は自由の濫用でしかなかった。二十九日の夜、若い将校や士官候補生による蜂起の計画にポーランド王国軍の将軍の多くは反対し、そのため蜂起側に殺害された者すらいたのである。また、王国政府の中枢にいたドゥルツキ＝ルベツキとチャルトリスキは将校団の反乱鎮圧をコンスタンチン大公に期待するなど、大貴族も当初蜂起には反対であった。

コンスタンチンが自ら反乱を鎮めるつもりがないとわかると、ポーランド王国政府は自らの手で秩序回復を図ろうとしたが、なかなか反乱の流れは止まらなかった。共和派・急進派のヨアヒム・レレヴェル（一七八六－一八六一年）やマウリツィ・モフナツキ（一八〇三－三四年）らによる愛国協会が蜂起を支持するアピールを出し、王国政府もそれに妥協して政府のメンバーを変えた。また、十二月二日にはナポレオン戦争にも参加したピョトル・シェンベク将軍がワルシャワの外にいた軍高官として初めて蜂起を支持し、自らの連隊を率いてワルシャワに入った。これはワルシャワ以外への蜂起の拡大、そして将軍クラスの軍高官への蜂起の拡大の二点において決定的な事件であった。このシェンベク連隊のワルシャワ入城を「ポーランド未だ滅びず」のメロディーとともに記憶している回想録もある。翌三日、王国政府はチャルトリスキを首班とし、人気の高い軍人ユゼフ・フウォピツキ（一七七一－一八五四年）を軍司令官とする臨時政府を創設して事態の収拾にあたろうとした。

フウォピツキはコシチューシコ蜂起に参加したのち、ポーランド軍団でも活躍し、同軍団をもとに結成された沿ヴィスワ軍団を率いてスペインの独立戦争をフランス側で戦った人物である。そののちポーランド王国軍の将軍となったが、一八一八年にコンスタンチンと対立して軍を辞していた。フウォピツキは十二月五日、蜂起の独裁官《ディクタトル》を宣言した。彼はポーランド王国の独立を支持したが、ロシアと軍事的に衝突しても勝利の見込みがないと考えて、ツァーリとの政治交渉を続けていた。

蜂起勃発以前にニコライによって召集されていた議会が十二月十八日に開催された。五年ぶりの議会には事態の収拾が期待されていたが、それに反して議会は反乱を「国民的な」蜂起と宣言した。ロシアとの交渉も続けられていたが、ニコライ一世は恩赦とともに無条件降伏を迫るなど、ポーランド側からみれば強硬な態度を示して交渉は難航、翌年一月最終的に決裂した。同月二十五日、議会がポーランド王としてのニコライ一世の廃位を決議したことでロシアとの軍事衝突が不可避になった。これはロシア君主による王位を定めたウィーン会議の決議にも反しており、国際的にもポーランドは困難な立場に立つこととなった。二十九日に議会によって選出された国民政府がこの難局に当たることとなったが、政府内には保守・穏健派で立憲君主政を支持する首班チャルトリスキと共和派で急進派のレレヴェルなどの路線対立があり、政府の足並みがそろわないという問題もたびたび生じた。また、フウォピツキや彼に続いて独裁官となるヤン・ジグムント・スクシネツキなどの王国軍司令官のロシア軍との決定的な戦いを避けようとする姿勢は勝機を逃すことにもつながった。

ポーランドの独立という愛国的なムードの中で、当初は蜂起に反対であった大貴族や軍高官、都市のエリート、官吏なども多くが蜂起へと傾いた。だが最後まで蜂起に反対した官吏も少なからずおり、また蜂起を支持するに至った者でも勝利を信じていたというよりは国民的な連帯のなかで参加せざるを得なかった場合も多かったようである。

社会的な問題に対する立場も様々であった。先述のようにポーランドが分割勢力と戦って勝利するためには農民の支持が不可欠であるという考えは既に一七九四年のコシチューシコ蜂起の時から存在し、農民負担の軽減のほか、蜂起への参加と引き換えに賦役の全廃が約束された。しかし、十一月蜂起においては急進派が議会で賦役の廃止や農民負担の軽減、農民も含む国民軍の創設を提案したものの、ことごとく否決された。多くの蜂起参加者は、蜂起への参加・協力と引き換えという条件であっても農民の待遇改善や農民への権利の付与を唱えようとはしなかった。ユダヤ人のなかには自発的な協力者もいたものの、こうした状況では農民との共闘は全般的には不成立に終わった。

(二) 十一月蜂起と愛国歌

一八三一年二月五日、十二万を超える（のちに二五万を擁することとなる）ロシア軍はポーランド王国との国境を越えて侵入した。ワルシャワに向かって侵攻するロシア軍に対して、二月二十五日、十一月蜂起中最大の戦いが繰り広げられた。将軍フウォピツキが実質上率いるポーランド王国軍三万六〇〇〇人が、ワルシャワ郊外東部のグロフフ村でイヴァン・ディビチ将軍率いるロシア軍六万人を迎え撃った、オルシンンカ・グロホフスカ（グロフフ）の戦いである。蜂起国民政府の一員で蜂起敗北後フランスに逃れ、そののち全五巻に上る膨大な『十一月蜂起の歴史』（一八八三－八四年）を著したスタニスワフ・バジコフスキによると、フウォピツキは重傷を負いながらも攻撃方向を手で指し示して第四歩兵連隊の兵士に攻撃を命じ、兵士は激しい砲撃に遭いながらも「ポーランド未だ滅びず」と叫びながら銃剣で突撃したという。この戦いでポーランド王国軍はどうにかロシア軍のワルシャワ東部（ヴィスワ右岸のプラガ地区）への進軍を食い止めることができ、第四歩兵連隊の活躍はその後も語り継がれていく。二月十四日のストチェクの戦いで既に「ドンブロフスキのマズレク」が歌われていたものの、オルシンンカ・グロホフスカの戦いがきっかけで同歌が真に民族的・国民的な歌となったといわれるゆえんである。三月にワルシャワのクラシンスキ宮殿で功績のあった兵士が表彰された際に初めて「ドンブロフスキのマズレク」が国歌として流されてから、蜂起中のすべての式典で用いられるようになった。また戦場でも歌われて、「ポーランド未だ滅びず」の歌詞が持つ動員力を発揮した。

十一月蜂起中は検閲が廃止された。そのため出版物が自由に公刊されたほか、多くの革命的・愛国的な詩や歌も作られ歌われた。そのなかで再び公の行事でさかんに歌われるようになった「ドンブロフスキのマズレク」は最も流行した愛国歌になった。「神よ、ポーランドを」や「五月三日の歌」の替え歌に比べて「ドンブロフスキのマズレク」の替え歌やそのメロディーに新たに歌詞を付けたものは群を抜いて多かった。前者の替え歌がそれぞれ二曲と七曲であるのに対して、「ドンブロフスキのマズレク」のそれは少なくとも十六曲以上が知られている。一八三〇年末から翌年にかけてシリーズで刊行された『解放されたポーランドの詩人《バード》』（全二巻）には、「ドンブロフスキのマズレク」のほか、そのメロディーに乗せて作られた、当時の高揚した雰囲気を伝えるいくつかの歌が収録されている。中でも人気を博したのがステファン・ヴィトヴィツキによるフウォピツキ版のマズレクともいえる「歌――昔のドンブロフスキのメロディーに合わせて――」であった。

ポーランド未だ滅びず、
我々が生きている限り。
異国の力が我々からもぎ取ったものは
力で奪い取ろう。
絶望が始めたものは
勇気が成し遂げる。
進め、進め、フウォピツキ、
神は我らに勝利を与えたもう。
〔中略〕
フウォピツキといればいかなる
危険にも脅かされない。

司令官への信頼、団結、調和、
それが我らの合言葉。
絶望が始めたものは
勇気が成し遂げる。
進め、進め、フウォピツキ、
神が我らに勝利を与えたもう。

この歌は一八四八年以降検閲が廃止されたオーストリア領ガリツィア（以前のクラクフ共和国を含む）や亡命ポーランド人の間で人気を博し、オリジナルの「ドンブロフスキのマズレク」とともに長らく歌われ続けた。特にオーストリア領では、歌詞を「進め、進め、フウォピツキ」から「進め、進め、ポーランド人」に変えて第一次世界大戦まで歌い継がれた。

十一月蜂起の際の将軍の名前を取った替え歌としては、ほかにもスクシネツキやストチェクの戦いで勝利を挙げたユゼフ・ドヴェルニツキ

17.「ユゼフ・フウォピツキ」
J・レナルトヴィチ画（油彩）

のものなどが知られている。

当時「ドンブロフスキのマズレク」と人気を争った歌には「ワルシャヴィアンカ」がある。一八三一年三月にフランスの詩人でナポレオン支持者であったカジミル・ドゥラヴィーニュがポーランドの蜂起の報を受けて作った詩に曲が付けられ、パリで上演された。既にフランス国内でそれをポーランド語に訳した曲ができていたが評判にならず、ポーランドに伝えられたドゥラヴィーニュの歌詞をカロル・シェンキェヴィチがポーランド語に翻訳し、クルピンスキが新たに曲を付けたのが「ワルシャヴィアンカ」である。四月五日にクルピンスキが監督を務めるワルシャワの国立劇場で初演されたこの歌はアクチュアルで愛国的な内容の歌詞と軽快なメロディーで人気を博した（ヴァツワフ・シフェンチツキがワルシャワのツィタデラ監獄収監中に作詞し、一八八三年に出版された「ワルシャヴィアンカ」、すなわち日本で「ワルシャワ労働歌」と呼ばれる歌とは別の歌である）。「ワルシャヴィアンカ」は、一部歌詞を変えつつ、その後も一月蜂起や第一次・第二次世界大戦などで愛唱され続けた。

当時同じく革命が進行していたフランスやベルギーでは、国内の新聞がポーランドの十一月蜂起の様子を伝えた。その中で蜂起の流行歌として「ドンブロフスキのマズレク」が「ポーランド未だ滅びず」の歌詞とともに言及されている。「ドンブロフスキのマズレク」が国際的にも徐々にポーランドの愛国歌として知られるようになったと言えよう。

(三) リトアニアに響く「ポーランド未だ滅びず」

十一月蜂起がポーランド王国の立憲政をめぐる問題にとどまる限り、同じロシア皇帝のもとに置かれていたとはいえ西部諸県に蜂起が波及する余地はなかったが、蜂起支持者の中には西部諸県の解放とポーランド王国との統合を求める者たちもいた。武装蜂起やその拡大に慎重な立場の者もいたが、急進派や民主派を中心とした蜂起支持派によって蜂起の射程が拡大されていく。

一月二十二日、議会でレレヴェルが「リトアニア国民の名において」請願を朗読した。ポーランド王国在住の旧リトアニア大公国、ヴォウィン、ポドレ、ウクライナ(以上の三地域は旧ポーランド王国東南部の県にあたり、ルブリン合同前はリトアニア大公国の一部であった)出身のシュラフタ二〇〇人以上が署名したこの請願書は以下のようなものであった。

国民の代表たちよ! リトアニア、ヴォウィン、ポドレ、そしてウクライナは常にあなた方とともに一つの国民であり、一つのポーランドであった。最後の分割以降の抑圧と囚われの三六年間も、我々の心にある共通の祖国への愛と一つの国民的統一体へ融合したいという切望を押し殺すことはなかった。国民的統一体は、一時的な暴力によって示された国境で消されることはなく、歴史の番人のもと、共通の血のなかに、感情、記憶、言語、不幸、そして共通の希望の一体性のなかに続いている。〔以下略〕

分割前の旧リトアニア大公国はたびたびポーランドに対して独自性を主張してきたが、この請願書ではリトアニア、ヴォウィン、ポドレ、ウクライナは常に一つの国民、一つのポーランドであったと述べている。ここには従来の内部対立を乗り越えて分割された国家全体の再建をまずは優先するという姿勢が読み取れよう。二月一日、この請願への応答が議会でなされ、受諾が決議された。国民政府の一員であったレレヴェルがまたもや準備したその応答と決議では、ロシア領旧ポーランド＝リトアニアである西部諸県に共闘を呼びかけ、議員を召集することが述べられた。ロシア直轄地である西部諸県への蜂起拡大の決定は急進的な愛国協会やポーランド王国にいた西部諸県出身者によって行われた側面が大きいだろう。

実際には蜂起指導部内に対ロシア戦線拡大をめぐる躊躇があったために、ポーランド王国議会が西部諸県のポーランドへの併合を宣言する五月になるまでポーランド王国から西部諸県への軍事支援はなく、また西部諸県からポーランド王国議会への議員の選出もなかなか進まなかった。それでも西部諸県にも蜂起が拡大する。

一月に地下組織として「ヴィルノ中央蜂起委員会」が創設されたが、それ自体はさほど大きな役割を果たせなかった。また、ヴィルノ大学は一八二三年のフィロマト事件後入れ替わった学長らが厳格に学生運動を取り締まり、ポーランド王国からの蜂起の影響も厳格に統制されていた。そのためようやく四月下旬になって学生や各地の中等学校生徒らが蜂起に参加することとなった。ヴィルノで蜂起の進展が遅れたのとは対照的に、地方ではロシア軍による新兵徴集をきっかけに主に郡あるいは教区を単位に各地で自発的に蜂起部隊が組織され、二月末から散発的に戦闘が始まった。ポーランド王国では正規軍が蜂起の中心となったのに対して、リトアニア側では主として志願兵によるパルチザン戦が展開された。西部諸県でも蜂起参加者はシュラフタが中心で、一八一二年のロシア戦役などのナポレオン戦争に参加した者が指揮官になる例が目立った。

五月にポーランド王国から進軍してきたデジデリ・フワポフスキやその後任のヘンリク・デンビンスキ率いる部隊によって「ドンブロフスキのマズレク」やその替え歌である「フウォピツキのマズレク」や「スクシネツキのマズレク」がリトアニアにも広まった。ただし、リトアニアの蜂起部隊では「ドンブロフスキのマズレク」のオリジナルが一番よく歌われたという。また西部諸県では蜂起の拡大・動員に際してカトリック教会の果たした役割は大きかった。詳細は不明だが、グロドノのドミニコ会修道院のA・ドヴギントが扇動のために保持していたビラに「ポーランド未だ滅びず」も含まれていたことが分かっている。

旧リトアニア大公国を中心とするロシア領西部諸県ではポーランド貴族あるいはポーランド化した貴族が言語や宗教が異なるリトアニアやルーシ（ウクライナやベラルーシ）の農民を支配するという社会構造が分割前から続いており、貴族と農民の間には身分や権利上の障壁だけでなく、言語や宗教の差異も存在していた。先に十一月蜂起全体としては動員のためであっても農民の待遇改善が進まなかったことを指摘したが、このような西部諸県では蜂起における農民の処遇はどのようなもので、それに対して農民はどのような態度を示したのであろうか。

農民らは蜂起部隊によって教区や所領を単位に徴兵された。ヴィルノ県東部のオシュミャナ郡では農民一人の蜂起参加によって一家が自由になると定められ、これによって二〇〇人ほどの農民が志願したとされるほか、ミンスク県西部のヴィレイカ郡では農民の徴兵とともに農民負担の軽減が定められたことが知られているが、こうした事例は非常に限定的である。農民は蜂起を鎮圧するロシア軍にも徴兵され、貴族による領主支配に対する反乱を起こした事例もあった。農民にとってはロシア軍も蜂起軍もともに単なる兵役負担でしかなかったともいえる。

だが、当時のヴィルノ県西部、現在のリトアニア西部にあたるジェマイティヤ（ジュムチ）地方は農民参加の点で際立っていた。ここでは蜂起の活動も活発であっただけでなく、自発的な農民の参加がみられ、さらには農民出身の部隊指導者もいたといわれている。さらにジェマイティヤ地方のテルシェ郡では、民衆が当地のことばであるジェマイティヤ語で「ポーランド未だ滅びず」を歌っていたと、蜂起に参加した貴族が回想録で伝えている。

ポーランド人は未だ滅びず、
ジェマイティヤ人が生きている限り！
全員が武器を手に戦えば
そうすれば幸せになる。

ポーランド人、リトアニア人、ジェマイティヤ人はともに
いつもそうであったように、これからも一つになろう。

わずかな涙しか流されなかったというのか、
毎年秋になれば
ツァーリによる徴兵命令で
最後の一人まで出せと命じられて……
母親は子供を、姉妹は兄弟を
モスクワ野郎め、もう我々を徴兵できまい！
〔以下略〕

この替え歌ではポーランド、リトアニア、ジェマイティヤの連帯・共闘と、ツァーリ支配への反発が歌われている。これをテルシェ郡の農民が旧ポーランド＝リトアニア共和国への帰属意識を持ち、政治的にもそれを支持していることの表れ――あるいはこれが農民動員用の歌とするならば、少なくともそうなるように農民を仕向けたことの表れ――と捉えることができよう。それではなぜジェマイティヤ地方でこうしたことが起こったのだろうか。ジェマイティヤ地方は農奴の多い他の旧リトアニア大公国地域と比べて自由農や地代農が多く、農民の社会経済的な状況が恵まれていた

こと、他方貴族には零細な者やリトアニア（ジェマイティヤ）語を話す者が多く、身分間の障壁が他地域より小さかったことがその理由に挙げられる。また、ジェマイティヤ地方の権威であり、なおかつリトアニア語も使用する民衆向け教区学校の創設に尽力し、リトアニア語による文化運動のパトロンでもあったジェマイティヤ司教ユゼフ・ギェドロイチが蜂起への参加を司教区内に呼びかけていたこととも関係があろう。ジェマイティヤ地方では十一月蜂起が伝わった際に領主に対する農民反乱も生じたのだが、結果的には旧ポーランド＝リトアニア国家の再興運動に最も農民がかかわった地域となった。

このことは、分割後に独立回復が叫ばれるポーランド、そして「ドンブロフスキのマズレク」で歌われるポーランドが、旧ポーランド＝リトアニア共和国全体を指す広義のポーランドであり、なおかつその地に暮らす言語や宗教の異なる民衆をも包摂するものであったこと、そして少なくともこの時点でそれにこたえる非ポーランド語話者の民衆がいたことを示していよう。

十一月蜂起は蜂起指導部の意見対立が乗り越えられないまま、また指揮官の判断ミスや優柔不断もあって物量に勝るロシア軍の攻勢を防ぎきれず、敗北に終わった。農民の積極的な支持や参加も外国からの支持や援助も得られなかった。西部諸県では一八三一年七月のうちに戦闘が収束した。ポーランド王国ではレドゥタ・ナ・ヴォリの戦いなど九月初旬の攻防戦を経てワルシャワが陥落し、全体でも十月までには戦闘が終結した。降伏したワルシャワにロシア軍が入る際、ロシアの軍楽隊は嘲笑とともに「ドンブロフスキのマズレク」を演奏したという。一方で、ワルシャワ陥落後の九月十一日からワルシャワ郊外のザクロチムに移った蜂起政府が刊行し続けた新聞『国民紙《ガゼタ・ナロドヴァ》』には「ポーランド未だ滅びず」とのモットーが記されていた。

ZAKROCZYM　Nro 1.　dnia 11 Września 1831 r.

GAZETA NARODOWA

Jeszcze Polska nie zginęła.

Wiadome wypadki woienne z d. 6 i 7 b. m. sprawiły, po częściowym boiu, opuszczenie Stolicy przez Woysko Narodowe. Szczegółów wszystkich działań władz woyskowych i cywilnych dowimy się zapewne z rapportu, który (spodziewać się trzeba) przedstawionym będzie w Izbach Seymowych; niemniéj przez ogłoszenie obrazu ostatniéy sessyi Seymowéy. Powszechna żałoba z domowych przeciwności, stała się tym smutnieyszą, że ią sprowadziła nayhaniebnieysza zdrada, zdrada która umiała wyłudzić zaufanie publiczne i zakryć się maską czystéy miłości Oyczyzny; przekleństwo i wieczna wzgarda podłym! Zostawiamy ich pomście własnego sumienia, pomście historyi i pośmiewiskowi samegoż wroga Polski!... Straszliwy choć zdradą sparaliżowany opór, nauczył znowu nieprzyiaciela szanować broń naszą i dziś liczymy w niezwyciężonych szeregach kilkadziesiąt tysięcy walecznych, sto kilkadziesiąt dział, skarb w dostatnich zasobach, wodzów doświadczonych, którzy złożyli nowe poświęcenia się bez granic dowody. — Rząd, który powstał na gruzach zdradliwego podeyścia zeszłego; ma wszystkie rękoymie, do iakich żądania, w nieszczęśliwych koleiach, naród może mieć prawo. Nie tracimy nadziei, nie opuszczamy rąk. Wzięcie Warszawy niczém więcéy nie iest, tylko zaięciem iednego z głównych miast Polski. I w murach tego miasta, dumny nieprzyiaciel nie śmié rozgłaszać swoich tryumfów, bo zna gdzie iest, i przeciw komu stoi. — Zdaie się iakby same klęski podnosiły energią, ducha powszechnego i zapał żołnierza do walki. Zewsząd rozlegaią się wołania: „do broni, do pomsty!“ Prezes Rządu, w którego ręce złożył Naród swoie losy, umié oceniać położenie w iakiem zostaiemy: zna niebezpieczeństwa, ale wié że nie wybiła ieszcze ostatnia Polski godzina, nie chce siebie i Narodu łudzić: pierwszy stróż honoru Narodowego, tego naydroższego przeszłości i przyszłości zakładu, daleki iest od bezwarunkowego wyrzeczenia się układów z nieprzyiacielem, byleby te układy odpowiadały honorowi Narodo-

18.ザクロチム版『国民紙』第1号、1831年9月11日。第一面に「ポーランド未だ滅びず」のモットーが見える。

蜂起参加者などが書き残した資料や後世の歴史家の評価のなかには十一月蜂起の指導部や軍司令官に対する冷ややかな、あるいははっきりと批判的な意見も少なくない。だが蜂起のシンボルとして国民的・民族的に歌われた「ドンブロフスキのマズレク」やその替え歌はそうした負の側面を包み込んで、次世代に高揚した愛国心を伝えていくこととなる。

第五章　ポーランドを越える「ポーランド未だ滅びず」

（一）蜂起敗北後の大亡命

十一月蜂起がロシア軍に鎮圧されると、蜂起参加者たち、すなわち国民政府のメンバーや議会議員、軍の将兵の多くが国外に亡命した。これを「大亡命」という。ポーランド王国ではこれまで与えられていた憲法の代わりに「有機法」が導入されて議会と独自の軍が廃止された。従来の行政制度、法、ポーランド語、個別の財政は維持されたものの、駐留ロシア軍の司令官が代官を兼ねてロシアによる監視が強められた。ワルシャワ大学も閉鎖された。西部諸県でも蜂起参加者や支持者を多く出したヴィルノ大学やカトリックの修道院、また同修道会系の中等学校が閉鎖され、ロシアによる支配が強化された。ポーランド王国や西部諸県にとどまった蜂起参加者は罰せられ、亡命者ともども領地を没収された。

こうしたなかでポーランド王国などのロシア領旧ポーランド＝リトアニアでは「ドンブロフスキのマズレク」は禁じられた歌となった。その取締りは厳しく、ロシア帝国臣民であれば国外の演奏会の演目として演奏することも問題視されるほどであった。こうした厳しい統制状況とは対照的に

「ドンブロフスキのマズレク」は十一月蜂起後の亡命者たちによって旧ポーランド＝リトアニア領の外で広められていくこととなる。

「ポーランド未だ滅びず」の冒頭の歌詞は帰るあてもなく祖国を離れざるを得なかった亡命者の間で常に力を発揮した。亡命先のパリやブリュッセルで民主派・共和派の指導者として活動した歴史家のレレヴェルは一八二三年に刊行されたその著『ポーランドの三つの憲法――一七九一年、一八〇七年、一八一五年』において「我々の偉大なモットー『ポーランド未だ滅びず』は、様々な運命の変遷にもかかわらず永遠に続くだろう」と記した。同じくレレヴェルは一八三四年のブリュッセルにおける十一月蜂起の記念式典において以下のように述べた。「思慕を募らせた放浪の民は……思いを家族に向け、それを信じて力を得、世界を前にして叫ぶ、『ポーランド未だ滅びず』と。」ほかにも、フランスなどのポーランド人亡命者社会では様々な式典で「ポーランド未だ滅びず」の標語が用いられた。

19.ヨアヒム・レレヴェル

「在イタリア・ポーランド軍団の歌」作詩当時の、軍団によってポーランドを解放するという比較的短期間を想定した独立運動が失敗し、分割が長期化するにつれて、この歌も人々を戦いに動員するという性格よりも人々の独立回復への希望や民族意識を維持するという性格を強めていったといえる。「ポーランド未だ滅びず」という歌詞はポーランドを取り囲む政治状況がいかに厳しかろうとも、そしてその状況がたやすく変わる見込みがなくとも、ポーランドの人々に愛国心を喚起し勇気づけることができる点で非常にすぐれていた。

「ドンブロフスキのマズレク」はまたこの時期、ポーランド語の代表的文学作品とも結びつくことなる。有名なロマン主義詩人のミツキェヴィチは一八二三年のフィロマト事件のあと故郷のリトアニアを追われ、ロシアに流刑の身となっていた。

20.「アユダグの岩によりかかるアダム・ミツキェヴィチ」
ヴァレンティ・ヴァンコヴィチ画（1828年）

一八二九年に首尾よくロシアを脱出してイタリアなどに滞在、ヴェルコポルスカまで赴くものの結局十一月蜂起には参加しなかった。蜂起敗北後ミツキェヴィチは亡命者の多いパリに居を定めることが多かった。その彼が一八三四年にパリで出版した叙事詩に、一八一二年のナポレオンによるロシア遠征を背景としたリトアニアのシュラフタの物語、『パン・タデウシュ』（パンはポーランド語で「ミスター」、「さん」といった意味で、題名は主人公の名を指す）がある。この作品においてミツキェヴィチは「ドンブロフスキのマズレク」を二度登場させている。一つ目は第一の書、主人公タデウシュが幼少期を過ごした叔父の屋敷に久々に戻ってきた場面で、「子供のように嬉々として／昔のドンブロフスキのマズレクを聞くために」仕掛けのある古い大時計のひもを引いたというものである。この記述をもって一八一二年以前からヴィビツキやドンブロフスキが軍団への勧誘のために送った密使によって「ドンブロフスキのマズレク」がリトアニアで広まっていたと考える研究者も多い。

もう一つは最終書である第十二の書においてタデウシュの婚礼にツィンバーウィ（弦楽器）の名手であるユダヤ人のヤンキェルが演奏を披露し、最後を「ドンブロフスキのマズレク」で締めくくるというものである。ミツキェヴィチはこの場面にドンブロフスキ将軍も登場させている。

打ち鳴らし方は非常に芸術的かつ力強いもので
まるで真鍮製のラッパのように弦が鳴り響
　いた。
ラッパから天空へと流れ出たのは有名な歌、
勝利の行進曲、「ポーランド未だ滅びず！」
「進め、ドンブロフスキ、ポーランドへ！」
　――みんなが手をたたき、
そしてみんなが一斉に「進め、ドンブロフ
　スキ！」と叫んだ。

フランスの文壇でも大きな名声を得、ポーラ

21.ミハウ・E・アンドリオッリによる『パン・タデウシュ』（ルヴフ、1882年）の挿絵

ンド人亡命者の間では単なる詩人を越えて精神的な支柱ともなっていたミツキェヴィチが『パン・タデウシュ』に「ドンブロフスキのマズレク」を登場させたことは、その後の歌の普及に大きな影響を与えたことは間違いない。現在でも『パン・タデウシュ』は学校教育でポーランド語授業の教材として取り上げられる作品であり、ポーランド人の間でこの詩と「ドンブロフスキのマズレク」とはしっかり結び付いている。

（二）ヨーロッパの革命とナショナリズム

国際的にはウィーン体制に物申す革命の一つであった十一月蜂起は外国政府の支持こそ得られなかったが、西欧やドイツ諸国を中心とする自由主義者や国民主義者の注目を集め、その好意的評価を得ており、蜂起敗北後の亡命者たちも行く先々で支援を受けた。亡命者の多くはプロイセンとの国境を越えてドイツ諸国へと逃れ、最終的にフランスやベルギーに落ち着くこととなる。

亡命者はまずドイツ諸国各地で歓迎を受けた。その際に「ポーランド未だ滅びず」はドイツ市民にも広まり、ドイツ語版の「ポーランド未だ滅びず Noch ist Polen nicht verloren」も誕生した。楽

22.（左から）ドンブロフスキ、コシチューシコ、ポニャトフスキ。ポーランド社会においてこの三人の司令官は崇拝された。

譜も付してたびたび刊行されている。ちなみに、マインツで一八三一年頃出版されたと考えられるソヴィンスキ編曲の「ポーランド未だ滅びず」の楽譜にはドイツ語、フランス語、ポーランド語で「スクシネツキのマズレク」の歌詞が付されていた（図24参照）。各地で組織された亡命者支援のためのサークルもこの歌を広めた。こうして「ポーランド未だ滅びず」がドイツの人々の間にも広まったほか、ポーランドの歴史や蜂起に関するドイツ語の出版物も登場し、ルードヴィヒ・ウーラントらドイツの詩人も十一月蜂起のポーランド独立戦争を題材にした詩を作った。そうした詩にも「ポーランド未だ滅びず」という表現は用いられた。

「ポーランド未だ滅びず」のドイツ国民主義者への浸透はドイツ統一を願って集まった一八三二年のハンバッハ祭でドイツの歌謡とともに歌われたことでもわかるだろう。またドイツ語だけでなく、一八三七年にはチェコの詩人カロル・サビンスキがすべての連が「ポーランド未だ滅びず」で終わるポーランド人の不幸を嘆くチェコ語の詩を発表した。

フランスでも一八三二年にソヴィンスキ編曲の「ポーランド未だ滅びず」がポーランドの民族的歌謡としてフランス語で出版されるなど楽譜の刊行が相次いだ。さらにはイギリスでも

23.ポーランド亡命者のライプツィヒ通過の様子

ポーランド亡命者支援のための宴会に英語で「ポーランド未だ滅びず」の横断幕が掲げられた。「ポーランド未だ滅びず」の歌詞はロシアの革命家によってロシア語へも翻訳された。時代は下るが、一八七四年にパリで行われた十一月蜂起勃発の記念式典に出席したロシアの革命家・無政府主義者のミハイル・バクーニンがロシアとポーランドの革命勢力の連帯の必要を説いた際にも、両民族が連帯するあかつきには「ロシア人が同じ思いであなた方〔ポーランド人――引用者〕と結びつき、同じ大義のために共通の敵と戦い、あなた方の民族の歌、このスラヴの自由の賛歌、すなわち『ポーランド未だ滅びず』をあなた方とともに歌う権利を有するだろう」と述べた。

以上のように、ポーランドの独立運動はウィーン体制を主導するロシアやオーストリア、プロイセンの帝政に対抗するものであったことから、十一月蜂起以降も自由主義者、国民主義者、革命家の国際的な支持を得ていた。それに伴って、「ポーランド未だ滅びず」とその冒頭の一節も、「我々とあなた方の自由のために」というスローガンとともに、ポーランドの独立運動を越えて国際的な左派の連帯のシンボルとして広く用いられた。しかしそれだけではなかった。「ポーランド未だ滅びず」は中欧・バルカンのスラヴ人を中心に独自の国家を持たない民族にも大きな影響を与え、それぞれのナショナリズムにおいて利用されることとなる。

他のスラヴ系言語で最初に「ポーランド未だ滅びず」が翻訳・翻案されたのはチェコ語で、十一月蜂起の時点までに既に二例知られている。だが、大きな反響を呼んだのはスロヴァキアのルター派聖職者であり、詩人で民族活動家であったサムエル・トマーシク（一八一三―一八七年）が一八三四年に「ポーランド未だ滅びず」の影響を受けて書いたチェコ語、ついでスロヴァキア語の詩である。トマーシクはチェコやスロヴァキアにおいて民族の固有の言語が廃れつつある状況を嘆いていたおりにポーランドの民族歌「ポーランド未だ滅びず」の持つ価値を思い出したと回想している。

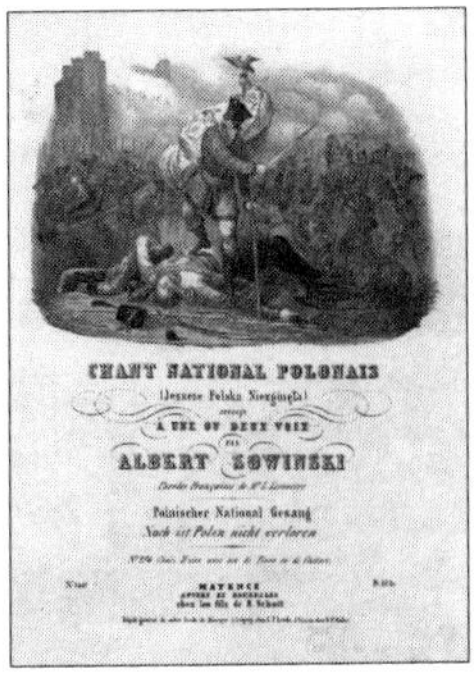

24. A.ソヴィンスキ編曲による「ポーランド未だ滅びず」の楽譜
（マインツ、1831年頃刊）

おい、スロヴァキア人よ、未だ我らの
スロヴァキアの言葉は生きている

このように始まるトマーシクの詩は一八三八年に出版され、「ドンブロフスキのマズレク」とほぼ同じメロディーで歌われた。そののち、一八四八年の革命で大きな役割を果たすこととなる。

一八四八年二月にフランスで、三月にドイツ諸国で革命の火ぶたが切って落とされると、「ポーランド未だ滅びず」はまたもや各地で歌われることとなった。プロイセンのベルリンでは監獄から解放されたポーランド人の政治活動家を中心に歌われたほか、ポズナンでは三月二十一日にポーランドの国旗が市庁舎に掲げられ、その際自然発生的にこの歌が歌われた。また、オーストリアからの独立運動が展開されたハンガリーに援軍として参戦したユゼフ・ベム将軍指揮下のポーランド兵の間で「ポーランド未だ滅びず」が歌われたほか、ハンガリーでも同じメロディーを用いたハンガリー語の翻案「ハンガリー未だ滅びず」が歌われた。

「諸国民の春」においてこうしたポーランドやハンガリーの独立運動は、オーストリアを含むドイツ諸国の君主に対する革命としてドイツ諸国や西欧の革命家たちから好意的にとらえられていた。一方でドイツ統一運動への参加を拒否してハプスブルク家のもとにとどまることを選択したチェコや、独立運動を行うハンガリーからの独立を目指して利害が対立していたクロアチアやスロヴァキアの民族運動は、ハプスブルク家との協力関係もあって、ドイツ諸国や西欧からは反動的な動きと位置付けられたが、どちらも同じくナショナリズムが表出したものであり、「ポーランド未だ滅びず」は後者のあいだでも大きな影響力を発揮することとなる。
ドイツ国民会議に対抗してプラハで開催された全スラヴ人会議において、先述のトマーシクの歌は「スロヴァキア人」を「スラヴ人」に、「スロヴァキアの」を「スラヴの」に変えて、全スラヴ人の賛歌に定められた。その歌詞は翌年ポーランド語にも訳される。「全スラヴ人賛歌」は一八四八年の革命の後もスラヴ人の間で広く歌われた。第二次大戦開戦直前にドイツの保護国として創設されたスロヴァキア共和国において国歌として扱われ、またメロディーやテンポを少し変更して戦後のユーゴスラヴィア社会主義連邦共和国の、そして連邦崩壊後のセルビアとモンテネグロによる新ユーゴ（ユーゴスラヴィア連邦）の国歌に制定された。

おい、スラヴ人よ！　未だ我らの
スラヴ人の言葉は生きている、
我らの忠実なる心臓が
我らが民族のために脈打つ限り。
万歳、万歳、スラヴの心
とこしえなれ。

雷も地獄もそなたらの嫌がらせも
我らはやすやすと逃れるだろう。
〔以下略〕

ほかにも「ポーランド未だ滅びず」の影響を受けて、クロアチア語（一八三五年）、ドイツのザクセンを中心とする上《かみ》（高地）ソルブ語（一八四〇年）、ウクライナ語（一八六二年）でそれぞれの民族名を入れた「未だ滅びず」から始まる賛歌が作られた。また、「ポーランド未だ滅びず」の歌詞が「セルビアは未だ生きている」（一八四三年）や、ブルガリアの古い国歌「マリツァ川は流れる」（一八七九年）の繰り返し「進め、進め、将軍」にも影響を与えていると指摘されている。

「ドンブロフスキのマズレク」は音楽芸術の分野にも国際的な影響を与え続けた。たとえば、イグナツィ・ドブジンスキは一八三四年初演の弦楽五重奏曲第一番に「ドンブロフスキのマズレク」を取り入れた。フレデリック・ショパンは翌一八三五年九月にドレスデンでのコンサートで初めて即興で「ドンブロフスキのマズレク」を演奏した（これによってショパンは官憲から目を付けられ、またコンサートの会場提供者や聴衆が処罰を受けた）ほか、自らのポロネーズにもそのモチーフを取り入れた。リヒャルト・ワーグナーも十一月蜂起に感銘を受け、「ドンブロフスキのマズレク」のメロディーを盛り込んだ管弦楽による序曲「ポロニア」を作曲した。フランツ・リストは一八四三年にワルシャワでコンサートを開いた際、聴衆に「ポーランド未だ滅びず」と語りかけたほか、一八六三年の蜂起の年に同歌のモチーフを取り入れた「ポーランド万歳」を作曲した。ワルシャワ市内の「スイスの谷」と呼ばれた社交・娯楽の場に、十九世紀半ば毎年公演に来ていたシロンスク出身のベンヤミン・ビルゼ率いる楽団もそのメロディーをたびたび演目のなかに忍ばせた。彼自身も一八七六年に「ドンブロフスキのマズレク」をモチーフにしたメドレーを作曲している。また二十世紀初頭にはイグナツィ・ヤン・パデレフスキが交響曲ロ短調「ポロニア」において、エドワード・エルガーが交響的前奏曲「ポロニア」において、「ドンブロフスキのマズレク」のモチーフを採用している。

（三）ポーランドとドイツのはざまで

十九世紀のプロイセン領にはソルブ人地域とは別に、ポーランド国家の支配・統治を受けた歴史があるものの、歴史的な経緯や言語・文化的な背景がポーランド中央部とは異なるスラヴ人居住地があった。バルト海沿岸のポモジェ、カシューブ、マズーリ、ヴァルミアの各地域と、内陸のシロンスク（シュレジェン、シレジア、スレスコ）である。現在ソルブ人地域を除くこれらの地域の多くがポーランド領となっていることから、その住民や言語はポーランド人・ポーランド語の一部として扱われることも多いが、社会主義体制崩壊後には、シロンスクなど、地域アイデンティティとともに独自の民族意識を強めているところもある。プロイセン、のちのドイツ帝国は国内のスラヴ人に対して学校教育や行政における言語のドイツ語化、土地のドイツ人所有率の上昇といったいわゆるゲルマン化政策を打ち出し、先述の地域もその対象になった。しかし、十九世紀当時は現代とは異なる地域の枠組みがあり、また宗教的にもプロテスタント地域が存在するなど、これらの地域はポズナン（ポーゼン）などの旧来からのポーランド地域と同一視できるものではなく、むしろドイツとポーランドの間で揺れ動く境界地域であった。こうした地域にも「ポーランド未だ滅びず」は浸透していった。

バルト海沿岸の地域の場合、この歌が広まる一つのきっかけは直接的にこの地方をポーランド軍などが通過したことである。一八〇七年のフリートラントの戦いに赴くためにマズーリやヴァルミアを通ったポーランド軍は「ドンブロフスキのマズレク」で迎えられた。ヴァルミア地方の愛国的歌謡に関する研究によれば、この時期から既にヴァルミアの地方言語による「ドンブロフスキのマズレク」やそのパロディーが歌われていたという。また十一月蜂起敗北時に多くがプロイセンへと逃れた蜂起部隊はポーランド王国との国境沿いにあるこれらの地域に一時滞在し、歓迎を受けてから西へと向かって行った。マズーリ地方にこの歌が浸透していたことを例示するものとしてよく言及されるのがシュチトノのマズーリ博物館に保管されている「ポーランド未だ滅びず、だがその主《あるじ》は滅びねばならない」と書かれた彩色のタイルである。十一月蜂起の際にマズーリ地方のニェジツァで焼かれたと考えられている。その主とはニコライ一世を指す。

「ポーランド未だ滅びず」は教師らによって教えられたほか、家庭内でも歌い継がれたと考えられている。マズーリ地方のドイツ化したポーランド人貴族の家系に生まれたアダルベルト・フォン・ヴィンクラー（一八三八ー一九一八年）は青年期にポーランド人意識に目覚めてヴォイチェフ・ケンチシンスキと改名し熱心なポーランド民族主義者となった。彼はその後歴史家となり、最終的にはルヴフのオッソリネウムの館長となった。その彼はリュッツェン（現ギジツコ）で過ごした子ども時代の思い出として父親が「ポーランド未だ滅びず」と歌っていたことを回想している。

ヴァルミアの地方言語では一八四八年の革命の際にポズナンの市庁舎に国民委員会が移ったことを題材とした以下のような歌も歌われた。

ポーランド未だ滅びず、
また滅びるつもりすらない。
なぜならポズナンの市庁舎には
ポーランドの鷲がはためいているから。

ヴァルミア地方の愛国的歌謡の研究によれば「ドンブロフスキのマズレク」に影響を受けた歌が少なくなく、その中には両大戦間期まで歌い継がれたものもあったという。

25.「ポーランド未だ滅びず、だがその主は滅びねばならない」彩色のタイル

一八五〇年からプロイセン領でも「ドンブロフスキのマズレク」が禁止されるが、当時の民衆運動のなかでときには農民も参加した重要な団体である合唱サークルではしばしばこの歌が歌われた。また、十九世紀後半に本格化するこれらの地域におけるゲルマン化への対抗ならびにそれに抗するポーランド・ナショナリズムの浸透のなかでも「ポーランド未だ滅びず」は広がっていった。その際、スラヴ系住民のポーランド化と各地での自立的な歌の流用のはざまで「ポーランド未だ滅びず」の地域言語への翻案や地域的なヴァリエーションが数多く登場している点が興味深い。たとえばヴァルミアの言語では以下ように歌われた。

ポーランド未だ滅びず、
記章は白赤、
神への信頼を持とう、
我々には軽蔑だけが残されていたとしても。

なぜなら善良で公正な神は
こんなことなどお許しにならない、
不幸なポーランド人が
自分の国を失うなんて。

〔以下略〕

またカシューブ出身で十九世紀後半にカシューブ語を用いた活動を行った文筆家、詩人のヒエロニム・デルドフスキ（一八五二―一九〇二年）は「ドンブロフスキのマズレク」のメロディーに乗せてカシューブ語による「カシューブの賛歌（マーチ）」を作詞した。

クラクフから流れたヴィスワ川が
ポーランドの海に注ぐところ、
ポーランドの信仰、ポーランドの言葉は
決して滅びない。
決してカシューブ人は
滅亡に至らない。
進め、進め、敵を追って。
我らは神とともにあらん。
〔以下略〕

「ポーランドのないカシューブはなく、カシューブのないポーランドもない」と言ったデルドフスキによる「カシューブ賛歌」にはカシューブの独自性を主張しつつもポーランドとの一体性を保とうとする姿勢が窺える。

また上《かみ》シロンスク地域では一八八〇年代に創設された上シロンスク協会の会歌が「ドンブロフスキのマズレク」のメロディーを採用していたほか、ブロニスワフ・コラシェフスキによるシロンスク版の翻案も生まれた。

我らの信仰は未だ名高い、
シロンスク人が生きている限り。
オドラ川の水がなくなる方が
敵が我らを殺すより早い。
〔以下略〕

このようにプロイセン領の様々な集団に「ドンブロフスキのマズレク」が利用されてきた。

最後に、スラヴ人ではなくプロイセンと結びついた「ポーランド未だ滅びず」のヴァリエーションを紹介して本章を閉じたい。「ドイツ人もロシア人もいなくなる」と歌う「ドンブロフスキのマズレク」は本来プロイセンの利害とは相容れないはずであった。だが、「ポーランド」を「プロイセン」に変えて「プロイセン未だ滅びず Noch ist Preußen nicht verloren」と題された歌が作られ、十九世紀初頭にナポレオンに敗北したプロイセンの再建とその後のプロイセンの民族意識の高揚と結びついた。この歌はポーランド語に訳され、『珠玉の愛国的歌謡集』のなかに収録されて一八五二年に出版された。これは「ドンブロフスキのマズレク」のポーランド人への影響力を利用してプロイセン・ナショナリズムにポーランド人を取り込む試みであったとも指摘されている。

プロイセン未だ滅びず、
なぜなら存在しうるのだから！
愛する神はプロイセンを選ばれた、
光の道を歩むようにと。
＊ああ、ああ、ああ！
愛する祖国よ！
おお、おお、おお！
愛する祖国よ！

プロイセン未だ滅びず。
その血を流したとはいえ
ホーエンツォレルン家が常に

それを栄光へと導いてきた。
（＊繰り返し）
〔以下略〕

第六章　一月蜂起とその後

（一）一月蜂起と「神よ、ポーランドを」

十一月蜂起の際に最もよく歌われた愛国歌は「ドンブロフスキのマズレク」であったが、十九世紀ポーランドのもう一つの主要な蜂起である一月蜂起（一八六三－六四年）では「ドンブロフスキのマズレク」が歌われ続け、「ポーランド未だ滅びず」もモットーとして生き続けた一方で、そのライヴァルとなる愛国歌が登場した。

クリミア戦争敗北後のロシア帝国では敗北に至った原因をロシアの後進性に見出した皇帝アレクサンドル二世（位一八五五－八一年）による一連の改革、いわゆる「大改革」が行われていた。検閲の緩和によってロシア帝国では知識人による言論活動や革命的・民主的地下活動も活発となった。旧ポーランド＝リトアニア領では加えて愛国的気運が高まり、独立運動が再燃して様々な秘密結社が作られた。なかでも土地つきの農民解放とともにロシア帝国からの独立を目指してツァーリ政府に対する武装蜂起を掲げた小貴族や知識人中心の「赤党」と、段階的な農業改革ならびに平和的な示威行動と外交努力や列強の介入による独立回復を目指した富裕な貴族や都市エリート中心の「白党」が、ポーランド王国と西部諸県に広がる大きな勢力として指摘できる。一八六三年一月にポーランド王国で勃発し、ロシア帝国西部諸県にも波及した一月蜂起は、直接的には赤党の武装蜂起の計画に由来する。一月蜂起はポーランド分割後のロシア併合地域において身分制度が動揺したなかで起きた初めての蜂起であり、また多言語・多宗教・多文化の国家であった旧ポーランド＝リトアニア領で全領土に拡大した、最後の貴族を中心とした独立運動でもあった。

　蜂起前の愛国的示威行動の波はワルシャワから始まった。それはしばしば比較的自由な活動が許された宗教・信仰の領域で行われた。最初の重要な示威行動として挙げられるのが、十一月蜂起におけるワルシャワのヴォラ防衛で戦死したソヴィンスキ将軍夫人カタジナ・ソヴィンスカの葬儀であった。夫人は愛国者として知られ、一八六〇年六月に行われた葬儀の際の集会は大規模な愛国的示威行動の場となった。ついでワルシャワ、レシノのカルメル会教会で十一月蜂起勃発三十周年記念行事が行われ、この時初めて、一旦は忘れられていたフェリンスキの「国王の繁栄を願う国民の歌」が愛国的な歌詞に装いを変えて「ポーランド未だ滅びず」とともに歌われた。

「国王の繁栄を願う国民の歌」は既に十一月蜂起前にゴレツキの愛国的な歌と融合して歌詞が変え

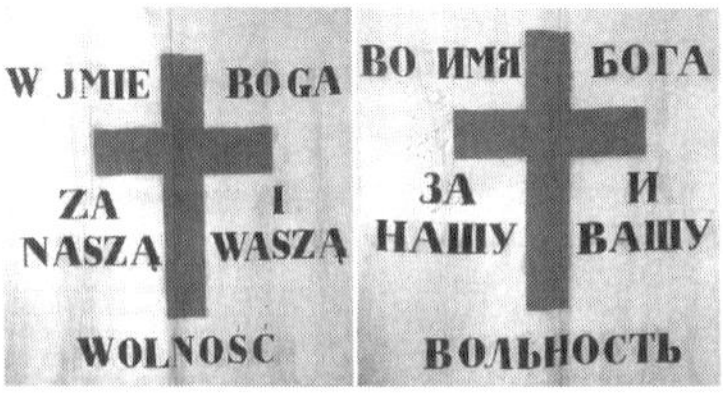

26.「神の名において、我々とあなた方の自由のために」（一月蜂起の際の扇動用の旗）

られていたが、さらに十一月蜂起敗北後は繰り返しの部分が「主よ、祖国の自由を我らに返したまえ」あるいは「主よ、祖国と自由を我らに返したまえ」と変わっていた。一八六〇年ごろには従来のメロディーから他のよく知られた宗教歌「誠実なる聖母よ」のメロディーに変わった。こうしてほぼ現在知られている形となった「神よ、ポーランドを」（ただし当時は「祖国の歌」とも呼ばれた）は宗教的・愛国的な賛歌として、主に一月蜂起前の愛国的なミサや葬送などで盛んに歌われることとなる。

一八六一年二月、十一月蜂起のオルシンカ・グロホフスカの戦い三十周年記念行事がユダヤ教徒やプロテスタントの市民も参加してワルシャワで行われた。二日後の二十七日の示威行動で軍と警察は火器を使用し始め、一斉射撃を受けて集まった群衆のうち五人が亡くなった。ポーランド王国の代官はワルシャワ市民の代表に秩序維持をゆだねることに同意し、翌月の五人の葬儀は緊張のなかで執り行われたものの衝突は生じなかった。また代官は王国の自由の復活を求めるツァーリへの陳情を許したが、ツァーリはこの陳情を拒否した。アレクサンドル・ヴェロポルスキがロシアとの妥協の上でポーランド

27.「1861年の五人の犠牲者の葬儀」
アレクサンデル・レッセル画（1884年以前）

王国に限定された範囲で自治の復活を進めたが、カトリック教会は国民的な喪を宣言し、愛国的示威行動の波は収束しなかった。

最大規模の示威行動が同年四月八日に代官の居城となっていたワルシャワの王宮前広場で開催された。広場を埋め尽くした群衆の意気を高揚させたのは、おりしもそこを通った郵便配達人のトランペットが奏でた「ポーランド未だ滅びず」だという。居合わせた通行人のうち興奮した者は「ポーランド未だ滅びず」と叫び、また集まっていた群衆に合流した者もいた。解散の号令を無視した群衆に軍は一斉に発砲し、百人以上が亡くなる悲劇となった。

四月の愛国的示威行動の犠牲者を悼むミサはポーランド王国の各地に、さらにはロシア帝国西部諸県に広まった。愛国的運動の支持者であり、一八六一年十月に亡くなったワルシャワ大司教アントニ・フィヤウコフスキの葬儀の際のデモをきっかけにロシア政府によって戒厳令も敷かれたが、十一月のコシチューシコの命日に合わせた追悼記念のミサなど宗教的な領域で愛国的示威行動は継続され、それ

28.「1861年4月8日ワルシャワ王宮前広場」（作者不詳）

すらも軍隊を動員して取り締まる当局とのあいだでさらに軋轢が深まった。「祖国の繁栄ためのミサ」と題されたミサが何百回も開催され、なかには職業・社会層を超えて、さらには宗旨を超えて人々を呼び集めたものもあった。女性たちは喪服や黒の装飾品を身につけ、抗議の意を表した。

ロシア帝国の直轄地となっていた西部諸県でもポーランド王国領とほぼ同時進行で一八六〇年後半から学生や知識人などを中心に愛国的・革命的な動きが徐々に進展した。密使を通じて双方の動きが連携されていたという。一八六一年二月と四月のワルシャワでの愛国的示威行動の犠牲者を悼むミサも開かれ、その際、西部諸県でも「神よ、ポーランドを」が愛国的な聖歌として大いに歌われた。基本的には貴族や知識人を中心とするポーランド語話者やカトリック信者の間でポーランド語の歌として歌われたようだが、ミコワイ・アキェレヴィチ（ミカロユス・アケライティス）によるリトアニア語訳（「祖国への賛歌」）の存在も知られている。

ロシアの官憲もポーランド王国からもたらされた扇動的でふとどきな歌について神経をとがらせていた。一八六一年五月八日（ロシア暦）の聖スタニスワフの日、リトアニア、ヴィルノにあるカトリックの大聖堂では礼拝の際に「神よ、ポーランドを」がピアノ伴奏とともに歌われ、司祭の制止にもかかわらず最後まで歌われた。これが西部諸県での愛国的示威行動の本格的な幕開けであった。官憲の報告によれば約二千人の参列者のうち八十人ほどがこの好ましからぬ聖歌を歌っており、それを主導していたボレスワフ・リマノフスキら学生たちが逮捕された。逮捕者に対する取り調べの際、ロシアの官憲は歌詞にも注目しており、繰り返し部分が「主よ、自由な祖国を祝福したまえ」

から、「主よ、自由と祖国を取り戻したまえ」に変更されている点、「この暴君の枷から解放したまえ」などの表現がある点を記している。官憲の圧力にもかかわらず、この聖歌の合唱は西部諸県各地のカトリック教会に広まった。たとえば、ミンスク市の役人の一人も同年この聖歌を普及させたかどで職を解かれたが、さらに翌六二年の十二月にも同ミンスク市のカトリックの大聖堂でこの歌が歌われたという。

西部諸県での愛国的・宗教的な示威行動においても「神よ、ポーランドを」とともに「ポーランド未だ滅びず」が歌われるようになった。ドブジンスキによる「ドンブロフスキのマズル」と題した楽譜が、経緯は不明だが検閲をすり抜けて一八六一年にヴィルノで出版・販売された。これは実際には歌詞と繰り返し部分のない「ポーランド未だ滅びず」の楽譜であり、同じくこの楽譜が販売されたワルシャワの当局が慌ててパンフレットを没収するという一件も生じた。

ポーランド王国では一八六一年末から翌年にかけて再びロシアが妥協の姿勢を見せ、一度は辞任したヴェロポルスキが再登用されてポーランド王国の自治を拡大していった。だが赤党の蜂起計画を知ったヴェロポルスキがそれを抑えこもうと一八六三年一月に軍への強制徴募を行ったことで、逆に赤党は同月二十二日、蜂起を宣言することとなった。

蜂起勃発後、戦場ではまたもや「ドンブロフスキのマズレク」やその替え歌が歌われた。十一月蜂起の際のヴィトヴィツキによる替え歌「フウォピツキのマズレク」に影響を受けて、新たな替え歌として独裁官《ディクタトル》となったランギェヴィチを歌詞にした「ランギェヴィチの行進曲」や「カンピノスの森へ」（ワルシャワ郊外の森の名称）が誕生した。パルチザン戦が主流となった一月蜂起において、森は蜂起部隊にとって重要な隠れ家となっていた。ロムアルト・トラウグットは森林管理人の楽団が奏でる「ポーランド未だ滅びず」のメロディーを聴いて最終的に蜂起の指揮を執る独裁官となる決断をしたという。

蜂起が拡大した西部諸県でも、「ドンブロフスキのマズレク」のオリジナルのほか、十一月蜂起の際のジェマイティヤ語のものを含む替え歌が歌われた。また、ポドラシェのスタニスワフ・ブジュスカ司祭率いる部隊で新たな替え歌が「ドンブロフスキのマズレク」のメロディーに乗せて誕生し、それがジェマイティヤのアントニ・マツキェヴィチ（アンタナス・マツキャーヴィチュス）司祭率いる部隊にも伝わって歌われたことが知られている。

我らの司祭は修道服に身を包み、十字架と刀を身につける。
彼こそがモスクワ野郎の撃破を神のみもとに懇願する。
神が我らに示した奇跡が我らの勇気を強固にした。
我らは敵を追い払わん、神は我らに勝利を与えたまわん。

以上のように、一月蜂起ではミサのかたちで広がった愛国的な示威行動においては主に宗教的な愛国歌である「神よ、ポーランドを」が歌われ、また戦場においては主に「ドンブロフスキのマズレク」が歌われた。この二曲のほか、一八四六年のクラクフ蜂起の部隊がオーストリアの官憲と同政府によって扇動された農民によって襲撃されたことに衝撃を受けたコルネル・ウイェイスキが絶望の中で作詞した「賛歌——火災の煙とともに」や、シェンキェヴィチによる「ワルシャヴィアンカ」が流行した。また一月蜂起の頃に処刑されるポーランド人独立運動家が叫ぶ言葉として「ポーランド未だ滅びず」が定着したと考えられている。

（二）蜂起敗北後の「ポーランド未だ滅びず」

一月蜂起は、赤党と白党の蜂起勢力内部の路線対立、それによって農奴解放問題で抜本的な解決を示せず、農民の協力があまり得られなかったこと、ポーランド社会においても蜂起への支持がそれほど拡大せず、国際的な介入もなかったことで規模で勝るロシア軍に鎮圧された。一八六四年四月までに戦闘は収束し、ロシア政府は蜂起の首謀者らを処刑した。蜂起参加者の一部は亡命したが、多くの参加者や支援者が財産を没収されてシベリアや中央アジアなどへ送られた。ポーランド王国の法や行財政に

29.「思想犯の最期を導く」（作者不肖、部分）

おける独自性は数年のうちに撤廃され、ワルシャワに総督府がおかれたうえで、ロシアの直轄地として他県と同様ロシアの諸制度が敷かれることとなった。一月蜂起敗北以後、武力蜂起による旧共和国領全体の独立回復の可能性が悲観視され、蜂起路線は力を失っていく。農民たちは一八六四年四月にツァーリ政府が出した農奴解放令によってより良い条件で解放された。ロシアに併合された旧共和国領の非ポーランド語地域ではこののち農民出身の知識人が登場し、ポーランドとは別個の民族意識を涵養することとなる。

「ポーランド未だ滅びず」はロシア帝国で再び禁止された。プロイセン領ではこれより早く一八五〇年にポーランドの愛国的な内容の出版物を禁止しており、同歌を含む愛国的な歌謡も禁止対象となっていた。また、ポーランドのローマ・カトリック教会は一八六六年のグニェズノでの教会会議において社会の過激化を恐れて「神よ、ポーランドを」を自発的に典礼歌から削除した。

他方オーストリア領ガリツィアでは十九世紀後半に州の自治を獲得しており、政治的独立運動は不可能であったとはいえ、ポーランドの文化的・学術的活動が他の分割国では考えられないほどに展開していた。十九世紀末にはコシチューシコ蜂起とポーランド軍団創設、「ドンブロフスキのマズレク」誕生の百周年記念行事が次々と催された。先に言及したフィンケルの解説にユリウシュ・コッサクが歌詞の一連ごとにイラストを付けたアルバム『在イタリア・ポーランド軍団の歌』もその一環としてルヴフで出版された。このアルバムは出版社や解説者を変えて幾度か刊行された。また「ドンブロフスキのマズレク」の冒頭の一節や歌詞、楽譜が盛り込まれたさまざまな絵葉書も製造され、実際の通信にも記念品としても用いられた。ユリウシュ・コッサクの絵も彩色された絵葉書として販売されている（アルバムについては32－35頁、絵葉書については口絵を参照）。

とはいえ、禁令にもかかわらずロシア領やプロイセン領でも「ポーランド未だ滅びず」は社会に根付いていた。シベリアなどに流刑となった蜂起参加者や支援者によって流刑先でも「ポーランド未だ滅びず」の歌は響いた。内部に隠されたオルゴールがそのメロディーを奏でる仕掛け時計や小祭壇なども現在に伝わっている。オーストリア領で発行された絵葉書や楽譜、愛国的な内容の図書はプロイセン領やロシア領にも流れ込んでいた。プロイセン領では一八五〇年から一九一一年までの禁止期間に四〇九点のポーランドの書籍が没収され、一二四四曲のポーランドの歌が禁止された。

30.『民族的歌謡』（クラクフ、20世紀初頭）。近世の騎兵フサリアとシュラフタ（左）とともに、大鎌を持った農民兵とポーランド軍団の兵士（右）がいる。

31. 1904年の新年を祝う絵葉書にも「ポーランド未だ滅びず」の語が用いられた。

この期間に禁じられた歌を歌ったとして四四件の判決が下されているが、その約半分が「ドンブロフスキのマズレク」を対象としたものであった。前節でみたドブジンスキの「マズル」と題した楽譜が出版を許可されたように、ロシアやプロイセンの警察にとっては「ドンブロフスキのマズレク」のメロディーを取り締まることはより困難であった。メロディーとしては既に明確なメッセージを有するものの、歌詞すなわち言葉とは異なって、音符の連なりだけでは特定しにくかったのであろう。作曲者のなかには「ドンブロフスキのマズレク」のメロディーに重ねて作品を書き、禁令をかいくぐった者もいた。

　これとは逆に、プロイセン政府によってポーランド人がもつ「ドンブロフスキのマズレク」への思い入れが利用されることもあった。この歌が禁止されていた時期に当たる一八六〇年代から七〇

32. 楽譜が書かれた絵葉書（クラクフ、1903年）

33.「ポーランド未だ滅びず」を奏でるオルゴールが隠された仕掛け時計

年代、プロイセンはドイツ統一を主導する過程でデンマークやオーストリア、フランスと戦火を交え、プロイセン臣民であったポーランド兵もそれに従軍した。その際、プロイセンはこの歌がポーランド人に対して持つ情緒的な影響力を戦場で一度ならず利用したのである。一八六六年、普墺戦争中の激戦となったトラウテナウ（現トゥルトノフ）の戦いにおいて、ポーランド兵から成る連隊が突撃する際にプロイセンの軍楽隊は「ポーランド未だ滅びず」を演奏した。一八七一年の普仏戦争初期の大規模な戦いであるヴルトの戦いと、普仏戦争最大の激戦となったグラヴロットの戦いでも同様に「ポーランド未だ滅びず」が演奏された。いずれの場合もそのメロディーを聞いたポーランド兵士は勇み立って盲目的に突撃したという。分割国プロイセンによるこの狡猾な「ポーランド未だ滅びず」の利用のエピソードは、ヘンリク・シェンキェヴィチ（一八四六―一九一六年）の小説『勝利者バルテク』（一八八二年）に収められている。

　一月蜂起敗北後のポーランド社会では、蜂起路線が支持を失うのと並行して、経済力をつけて合法的に社会・文化の向上を図り、その中で民族精神・文化を維持しようという「有機的労働《プラツァ・オルガニチナ》」の考えが広まった。ヴェルコポルスカで有機的労働を広めたスウェーデン系ポーランド人ヴァヴジニェ

34.『ポーランドの三つの民族的賛歌』（キエフ、20世紀初頭）に収録されている3曲「ポーランド未だ滅びず」、「神よ、ポーランドを」、「賛歌―火災の煙とともに」が19世紀・20世紀転換期に最も広まった愛国的歌謡であった。

ツ・エンゲルシュトローム伯によって、大きく様相を変えた「ドンブロフスキのマズレク」も登場した（一八七一年）。

ポーランド未だ滅びず、
もし我々が生きているならば。

35. 1906年にクラクフで作られた絵葉書。郵便葉書として用いられ、ロシア領のワルシャワに届けられた。

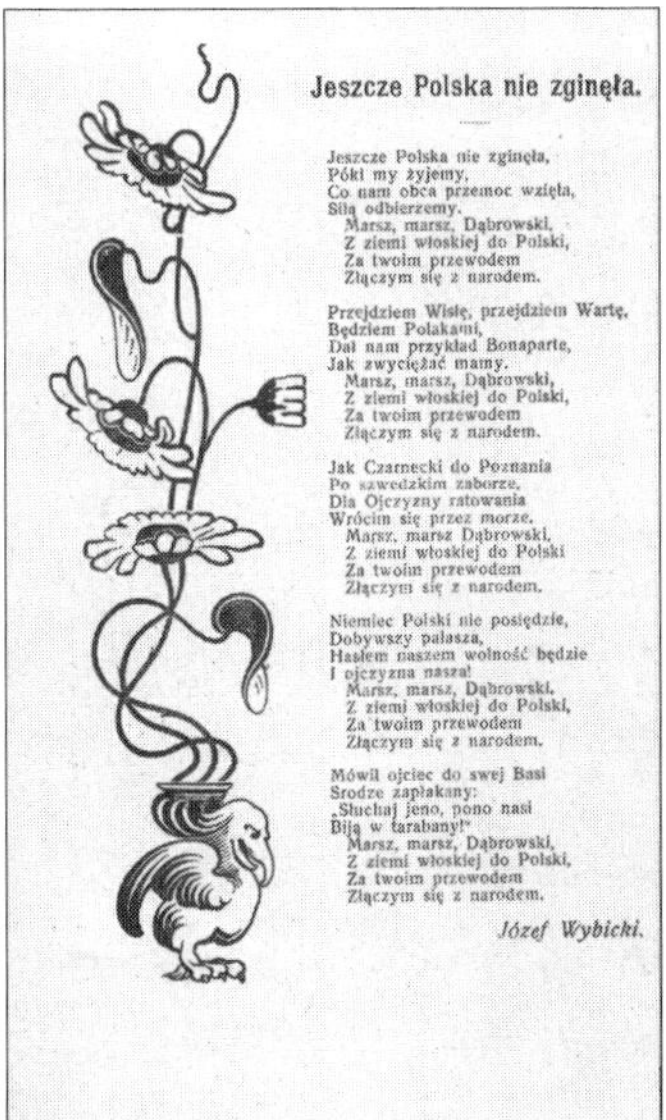

36. 1910年頃ワルシャワで作られた絵葉書。歌詞には様々なヴァリエーションがあった。

異国の暴力が我々から奪ったものは
活力で買い戻そう。
進め、進め、ポーランド人、
決然と、仕事に向かえ。
神の導きのもと
国民となろう。
〔以下略〕

一九〇五年一月、ロシア帝国で革命が起こり、再び「ポーランド未だ滅びず」などの愛国的歌謡ならびに革命歌が歌われるようになる。都市の民衆だけでなく農民も参加した政治集会でも革命歌に交じってこの歌が歌われたことが指摘されている。こうした状況に対してワルシャワ総督は「ポーランド未だ滅びず」を含む革命的な歌を禁じ、三か月以内の収監あるいは三〇〇〇ルーブリ以内の罰金を課すこととした。当時の人気小説家シェンキェヴィチは禁令にもかかわらず、十一月のワルシャワにおける国民的なデモ行進の参加者に向かっての演説を「ポーランド未だ滅びず」で締めくくった。翌十二月のストックホルムでのノーベル賞授賞式でもシェンキェヴィチはこのフレーズに言及した。

十九世紀後半以降、ロシア帝国内の旧ポーランド＝リトアニア領では従来ポーランドとロシアが影響力を争っていたリトアニアやウクライナ、ベラルーシにおいてそれぞれの民衆言語に基盤を置く独自のナショナリズムが芽生え始めた。一九〇五年革命でそれらの民衆言語による出版に対する規制が緩むと、こうしたナショナリズムが新たに勢いを得ることとなった。またポーランドに関しても、歴史的なポーランド＝リトアニア国家にこだわらずに、ポーランド語を話すカトリックのポーランド人を中心とする国家を目指すロマン・ドモフスキらの立場がプロイセン領から登場した。一方でエスノ・ナショナリズムの潮流に対抗して、ポーランド文化を共有する近世の多民族国家リトアニア大公国に忠誠を抱く旧リトアニア大公国市民という意味でのリトアニア人も未だ存在した。オットー・ザヴィシャによる「ポーランド未だ滅びず」の替え歌「リトアニアの賛歌」（一九〇七年）には「リトアニア未だ滅びず、我々が生きているかぎり／これからも大公国の名をともに高めよう」とある。

37.ヴォイチェフ・コッサク画「ポーランド未だ滅びず―グラヴロット 1870年」（油彩、1909年）に基づいて作られた絵葉書（ヴェリチカ、1912年）

終章　現代ポーランド国歌としての「ドンブロフスキのマズレク」

一九一四年に第一次世界大戦が勃発すると、三国に分割されていたポーランド人は各国の軍の兵士として従軍し、「兄弟殺し」の戦いを強いられることとなった。一方で戦争によるヨーロッパでの大規模な国境変動の可能性はポーランドの独立回復の可能性を含んでおり、独立を見越した軍事組織の結成やドイツ・オーストリアとの独立をめぐる政治交渉も行われた。

第一次大戦中も「ドンブロフスキのマズレク」が替え歌も含めて盛んに歌われた。有名な替え歌には歌詞をドンブロフスキからピウスツキに代えたものがある。ピウスツキはオーストリアの指揮下で行動する「ポーランド軍団」を結成し、対ロシア戦に従軍していた。だが、この替え歌は人気を博さず、ピウスツキ個人も彼が率いた第一旅団の歌「第一旅団のマーチ」を好んだという。

一九一八年、ポーランドは百年以上の時を経て独立を回復した。十八世紀末のポーランド゠リトアニア共和国領の東部は別個に独立したリトアニア共和国やソ連領のベラルーシやウクライナとなり、第一次大戦後のポーランド共和国には「東方領」の半分ほどしか帰属しなかった。とはいえ、ヴィルノやルヴフといった重要都市を含み、人口の三分の一以上をウクライナ人やユダヤ人などの少数民族が占めていた。また、あれほど待ち望んだ独立を勝ち得たとはいえ、百年以上ものあいだ異なる三つの国家に分割・統治されていた人々を統合するのは困難な課題であった。ロシア領出身で旧ポーランド＝リトアニア共和国の諸民族の連邦を支持したピウスツキと、プロイセン領出身でポーランド人からなるポーランドを目指したドモフスキの対立に代表されるように、戦間期のポーランドでは政治的対立が繰り返された。議会では少数政党の乱立が続き、結局、ピウスツキが一九二六年五月にクーデターを起こして実権を掌握することとなる。

国歌の制定もすぐには進まなかった。第一次大戦が始まった一九一四年には既に独立回復のあかつきには何が国歌にふさわしいかという議論がなされていたが、大戦中の式典や愛国的なデモにおいては政治的な立場や分割領ごとに様々な歌が歌われた。独立後も国歌に関する論争は続けられた。音楽家や作家、批評家などを中心とする音楽的・文学的・美的な論争のほかにも、政治的な派閥ごとに異なる愛国歌が推奨されたのである。「ドンブロフスキのマズレク」のほかに国歌の候補として、ピウスツキ派は「第一旅団のマーチ」を、ドモフスキ派や保守派は宗教的な「神よ、ポーランドを」を推し、ほかにも当時好んで歌われた愛国歌である一八三〇年の「ワルシャヴィアンカ」や「賛歌――火災の煙とともに」、「誓い」などが挙げられた。プロイセン領のゲルマン化に抗してマリア・コノプニツカが書いた詩にフェリクス・ノヴォヴェイスキが曲を付けた「誓い」は第一次大戦後のヴェルコポルスカ蜂起の際などに愛唱されたほか、既に大戦前からワルシャワなどの旧プロイセン領以外の地域にも広まっていた。新たに国歌を作る試みやコンクールで選ぶ試みもあった。たとえばノヴォヴェイスキはスタニスワフ・リプカの作詞で一九二一年に「共和国の賛歌」を発表した。

実際には外交の場などで国歌の演奏が必要な場面が生じており、諸外国では上記の歌のいずれかがその都度ポーランド国歌として奏でられるような状態であったが、ポーランド政府は公式に国歌を制定することはなく、一九二一年三月に制定された憲法にも言及はなかった。

最終的には、神への懇願ではなく国民の主体性を歌った希望の歌であり、全社会層を包含し、社会に広く知られてどの派閥からも不満が出ない「ポーランド未だ滅びず」が国歌として選ばれた。この歌が普及した地理的範囲に関して言えば、ポーランド軍団の歴史は三分割領のいずれの地域ともかかわりがあり、この歌が国歌的な存在として扱われたワルシャワ公国の領域は、その後ロシア領だけではなく、プロイセン領やオーストリア領にも組み込まれた（三分割領いずれの地域にもまたがった分割時代の政治体はワルシャワ公国を除くと他に存在しない）。そのため「ポーランド未だ滅びず」はいずれの分割領にも広く浸透していたことが国歌に選ばれた大きな理由であったろう。

だが、国歌として選ばれたのは法によってではなかった。まず、一九二六年十月十五日付の宗教公教育省の回状によって、「ポーランド未だ滅びず」を国歌として学校で歌唱を義務付けるよう、公式の歌詞とメロディーが定められた。歌詞とメロディーの制定には同省の特別委員会があたった。そして翌年二月二十六日の内務省の回状でも、先の宗教公教育省によって定められた「ポーランド未だ滅びず」の歌詞が唯一公式のものと定められた。同年四月二日の宗教公教育省の回状によってフェリクス・コノパセクによる編曲が公式のものと制定された。編曲のうえでのわずかな変更があるものの、基本的にはこの時定められたものが現在まで踏襲されている。

こうしたことから、どちらかと言えば軍や学校の式典など国歌を必要とする現場の需要に沿って「ポーランド未だ滅びず」、すなわち現在の「ドンブロフスキのマズレク」がポーランド国歌として制定されていったと言えよう。またそれは分割時代に様々なヴァリエーションが登場していた愛国歌について、軍や学校教育用に宗教公教育省が公式の歌詞とメロディーを制定していく過程とも連動していた。一九三〇年代には「ポーランド未だ滅びず」のほかにも「神よ、ポーランドを」や「第一旅団」などの歌詞とメロディーが公式に定められ、広められている。

一九三九年九月、ドイツ軍がポーランドに侵攻し、第二次世界大戦が始まった。侵攻を受けたバルト海に面したヴェステルプラッテの指揮官は「ポーランド未だ滅びず」と述べて兵士との別れの挨拶を行ったという。同月末の首都ワルシャワ降伏の際も、司令官であったユリウシュ・ルンメルが「ポーランド未だ滅びず」の第一連を引用して兵士たちを勇気づけた。ドイツ軍の侵攻を伝えるポーランド・ラジオの放送も「ポーランド未だ滅びず、ポーランド万歳！」で閉じられ、そのあと「ポーランド未だ滅びず」の曲が流された（一九二六年末からポーランド・ラジオは一日の放送の終わりを「ポーランド未だ滅びず」の音楽で締めくくっている）。

占領下のポーランドにおいて「ポーランド未だ滅びず」は禁じられた歌となった一方で、抵抗歌として様々な替え歌が登場した。ドンブロフスキをシコルスキ将軍に代えた歌や、ヒトラーを風刺した歌詞が続く「ポーランド未だ滅びず」などがよく知られている。また第二次大戦中、連合国側とはいえ様々な勢力に分かれて戦ったポーランドの兵士たちも「ポーランド未だ滅びず」を愛唱した。英米指揮下の連合軍でモンテ・カッシーノやノルマンディーなどの激戦地で戦った者にも、ポーランド亡命政府指揮下の国内軍としてワルシャワ蜂起などの抵抗運動に従事した者にも、ソ連率いる共産党系パルチザンや人民軍として戦った者にも、「ポーランド未だ滅びず」は大きな支えとなり続けた。

一九四四年七月、ソ連軍によって「解放」されつつあったポーランドで共産党系のポーランド国民解放委員会が「ドンブロフスキのマズレク」を国歌として認めた。戦後の一九四八年六月二十日、社会主義のポーランド人民共和国教育省は回状によって戦前の国歌をそのまま国歌として確認した。ただし名称は「ポーランド未だ滅びず」から「ドンブロフスキのマズレク」へと変更され、カジミェシュ・シコルスキの編曲が採用された。ちなみに国章は戦前の王冠をかぶった白鷲から社会主義政権によって王冠が外されるという重大な変化を被っている。「ドンブロフスキのマズレク」は実質的には一九二〇年代から国歌として扱われているとはいえ、一九五二年の憲法では国旗と国章を定めた条文があるものの国歌への言及はなく、一九七六年二月十日の憲法修正によってようやく法的に国歌として制定された。さらにその四年後の一九八〇年一月の「ポーランド人民共和国の国章、国旗、国歌についての法」(議会制定法)によって歌詞やメロディー、編曲が公式に確認された。これが現行のものである。体制転換後の一九九〇年、ポーランド共和国議会でも国歌としての地位が確認されている。

この間も「ドンブロフスキのマズレク」はポーランドの社会から支持を受けた。歌の誕生百八十周年の記念の際には、ポーランド科学アカデミーがレッジョ・デル・エミリア市とともにその市庁舎のペディメントに大理石の記念プレートを設置した。また、一九七八年七月にはグダンスクにほど近いベンドミンにあるユゼフ・ヴィビツキの生家に地元を中心とする市民のイニシアチヴによってグダンスク国立美術館の分館として国歌博物館が開館した。現在に至るまで、児童・生徒を主たる対象として国歌の歌詞やその歴史を解説するという教育活動を続けている。

38.国歌博物館（ヴィビツキの生家）

一九七九年にローマ教皇ヨハネ・パウロ二世がポーランド人民共和国を初めて公式訪問した際にも、ポーランド生まれでイタリアからやって来た教皇を迎えるべく、ミサや説教の折に聴衆のあいだから「ドンブロフスキのマズレク」がたびたび自発的に歌われたという。これについては、工藤幸雄の『ワルシャワ物語』（一九八〇年）で既に紹介されている。またこの教皇訪問時に、反体制派の愛唱歌となっていた「神よ、ポーランドを」が、その繰り返し部分を「主よ、自由な祖国を取り戻したまえ」に変えて聴衆の中から突発的に歌われたことも、加藤久子が『教皇ヨハネ・パウロ二世のことば――一九七九年、初めての祖国巡礼』（二〇一四年）でつとに紹介している。

本書を通じてみてきたように、「在イタリア・ポーランド軍団の歌」として生まれた現ポーランド国歌「ドンブロフスキのマズレク」は、分割時代を通じて政治的・社会的立場の相違や分割領の違いを超えて広く支持された。第一次大戦後独立したポーランドにおいて国歌とされた後も、政治体制の大きな変動にもかかわらず、社会主義者のあいだでも、それを快く思わなかった者たちのあいだでも、「ドンブロフスキのマズレク」は受け継がれて現在に至っている。

だがその裏で、十八世紀末のポーランド分割以前と二十世紀以降とで「ポーランド」の意味するところは大きく異なっている。すなわち、近世には「ポーランド」は多言語・多宗教・多文化で貴族的な複合国家「ポーランド＝リトアニア共和国」を指していたが、全社会層を包摂するものの主にカトリックのポーランド語話者にネイションを限定する考えが分割時代に登場した。さらに第二次世界大戦中のホロコーストと戦後の国境変更と住民交換によってポーランド国内の少数民族がほぼ消滅したことで、「ポーランド」はポーランド語を話すカトリック信者が国民のほとんどを占める国家へと変わったのである。それは、「ポーランド未だ滅びず」の歌で想定される共同体が、分割前の共和国から、社会階層的にはより拡大したものの領域的にはより縮小したエスニックなポーランド国家に変わったということでもある。

これまでに言及したように、十一月蜂起や一月蜂起の際に旧共和国東部の、現在のリトアニアやベラルーシ、ウクライナにあたる地域においても「ドンブロフスキのマズレク」は歌われた。しかし、それはエリートを中心とするポーランド語話者の域を大きく超えるものではなく、民衆言語への替え歌も限定的であった。主として十九世紀後半以降、旧共和国領の東部地域では別個のナショナリズムが登場し、ポーランド語の文化の影響を受けながらも各民族が別々の発展を遂げ、個別の民族的愛唱歌を成立させていく。たとえば、現在のウクライナ国歌は、「ポーランド未だ滅びず」冒頭から影響を受けたと考えられる一八六二年作詞の「ウクライナ未だ滅びず」である。また第一次大戦後独立したリトアニア共和国の国歌（一九一九年制定）であり、現在の国歌でもある「民族の賛歌」（作詞・作曲一八九八年）の冒頭は「リトアニア、われらが祖国よ」であり、ミツキェヴィチによる『パン・タデウシュ』の冒頭「リトアニア、わが祖国よ」が容易に想起される。他方でポーランドの西部の境界地域では比較的多数の民衆言語・地域言語による「ドンブロフスキのマズレク」の替え歌が登場した。その境界域に位置するスラヴ系の民衆はこうした民族的歌謡の替え歌によっても、ポーランドのナショナリズムにある程度まで巻き込まれていったと言えるのかもしれない。

いずれにしろ、歌の誕生以降現在まで歌い継がれる間に、「ポーランド未だ滅びず」で表わされる共同体も、その歌い手、すなわち共同体の担い手も大きく変化したのであった。

あとがき

国歌としての「ドンブロフスキのマズレク」は、毎学期の始業式やスポーツの国際試合で歌われる。ミツキェヴィチの『パン・タデウシュ』もポーランド語授業の読本に指定される作品だが、一般の国民にとって「ドンブロフスキのマズレク」は何よりもこうしたセレモニーで流れる歌である。本書ではこの歌の様々なヴァリエーションを取り上げたが、今や「ドンブロフスキのマズレク」は「正しい歌詞で歌うべき歌」となっている。某大統領が誤ってドンブロフスキをポーランドからイタリアに行進させたときはこぞってメディアが取り上げた。またベンドミンにある国歌博物館の主たる活動も国民が国歌を正しく歌えるように啓発することである。よくある間違いとして館員が挙げたのは「我々が生きているかぎり」の kiedy を póki にしてしまうというもので、この使い方はロシア語の影響を受けているということであった。付言すれば póki を使った歌詞は十九世紀から存在する。

一方でいまだに「ドンブロフスキのマズレク」は生きた歌でもある。現代ポーランドの音楽家たちはこの歌をポップスに、あるいはロックに、はたまたラップに編曲して楽しんでいる。とはいえ、それらをポーランドの街角で聞いたことがないということは、新たなヴァリエーションがヒットチャートに上るものではないことを意味しているようではあるけれども。

本書の翻訳・引用のうち「ドンブロフスキのマズレク」とフェリンスキによる「神よ、ポーランドを」については東京外国語大学名誉教授の関口時正氏に、「ドンブロフスキのマズレク」のジェマイティヤ語版についてはリトアニアが御専門の櫻井映子氏に目を通していただき、貴重なご指摘をいただいた。『パン・タデウシュ』については工藤幸雄氏による訳を参考に新たに翻訳した。また「ドンブロフスキのマズレク」の他の音楽作品への影響については大正大学教授の白木太一氏から貴重なアドヴァイスを頂戴した。ベンドミンのグダンスク国立博物館付属国歌博物館のマウゴジャタ・ガンスカ、プシェミスワフ・レイの両氏からも貴重な資料の提供を受けた。改めて厚く御礼を申し上げます。なお本書に誤りや不適切な記述があるとすれば筆者がすべてその責任を負うものです。

本書の刊行にあたっては群像社の島田進矢氏やポーランド広報文化センターに大変お世話になった。深く感謝申し上げます。
最後に、執筆を支えてくれた家族にも感謝の言葉を述べたい。

＊本書は科研費（二五八八四〇〇二）の助成を受けた研究の成果の一部である。

史　料

S. Barzykowski, *Historia powstania listopadowego*, t. 3, Poznań, 1884

L. Chodźko, *Histoire des légions polonaises en Italie*, t. 1, Paris, 1829

K. Koźmian, *Pamiętnik*, t. 2, Wrocław, 1974

A. Mickiewicz, *Dzieła*, t. IV: *Pan Tadeusz*, Warszawa, 1998

A. Mickiewicz, *Dzieła*, t. IX: *Literatura słowiańska*, Warszawa, 1998

M. Rostworowski (wyd.), *Dyariusz Sejmu z r. 1830-1831*, t. 1, Kraków, 1907

A. M. Skałkowski (wyd.), *Archiwum Wybickiego*, t. 1 (1768-1801), Gdańsk, 1948

F. Wrotnowski (wyd.), *Zbiór pamiętników o powstaniu Litwy w r. 1831*, Paryż, 1835

A. Zieliński (opr.), *Poezja powstania listopadowego*, Wrocław, 1971

Сборникъ документовъ Музея Графа М. Н. Муравьева, Вильна, 1906

Архивные Матеріалы Муравьевскаго Музея, кн. 4, час. 1, 1913, Вильна, 1913

Dziennik Urzędowy Ministerstwa Oświaty, nr 9, 1948, poz. 150,

http://www.bpsiedlce.pl/upload/File/Dzienniki/Dzienniki%20Urzedowe%20Ministerstwa%20Oswiaty%20
1948%20%281-
13%29/Dziennik%20Urzedowy%20Ministerstwa%20Oswiaty%20Nr%209%20z%2014%20sierpnia%201
948%20Poz%20138-170.pdf (2016/09/30参照)

Ustawa z dnia 31 stycznia 1980 r. o godle, barwach i hymnie Polskiej Rzeczypospolitej Ludowej, http://isap.sejm.gov.pl/DetailsServlet?id=WDU19800070018 (2016/08/02参照)

研究文献

Z. Chechlińska (red.), *Szkice o kulturze muzycznej XIX w.*, t. 1, Warszawa, 1971

I. Chrzanowski, *Nasz hymn narodowy* (*Pieśń Legjonów*), Lwów, 1922

A. Chwalba, *Historia Polski 1795-1918*, Kraków, 2000

L. Finkel, *O Pieśni Legionów*, Lwów, 1894

L. Finkel, *Pieśń Legionów*, z illustracyami Juliusza Kossaka, Lwów, 1894

J. Jurkiewicz, '„Jeszcze Polska nie zginęła, póki Żmudzini żyją!" (Kilka uwagi o *Pieśni Żmudzinów* z 1831 r.)', w: *Praeities baruose: Skiriama akademikui Vytautui Merkiui 70-ies metų jubilejaus proga*, Vilnius, 1999

S. Kalembka (red.), *Powstanie styczniowe 1863-1864: Wrzenie, bój, Europa, wizje*, Warszawa, 1999

S. Kieniewicz, *Powstanie styczniowe*, Warszawa, 2009 (1983)

S. Kieniewicz, A. Zahorski, W. Zajewski, *Trzy powstania narodowe: kościuszkowskie, listopadowe, styczniowe*, Warszawa, 2006

T. Kizwalter, *O nowoczesności narodu: Przypadek Polski*, Warszawa, 1999

L. Komarnicki, *Historja literatury polskiej wieku XIX (z wypisami)*, Warszawa, 1917

J. S. Kopczewski, *O naszym hymnie narodowym*, Warszawa, 1988

L. Malinowski, *Polskie symbole narodowe: Godło-barwy-Hymn*, Warszawa-Łomża, 2016

H. Mościcki, *Twórca pieśni "Jeszcze Polska nie zginęła!"* (*Józef Wybicki*), Warszawa, 1918

A. Nieuważny, *My z Napoleonem*, Wrocław, 1999

J. Pachoński, *Jeszcze Polska nie zginęła*, Gdańsk, 1972

J. Pachoński, *Legiony Polskie: Pwawda i legenda 1794-1807*, t. 1, Warszawa, 1969

W. J. Podgórski, *Pieśń ojczyzny pełna*, Warszawa, 1994

E. Rabowicz, "Józef Wybicki - literat", w: *Józef Wybicki: Księga zbiorowa*, pod red. A. Bukowskiego, Gdańsk, 1975

M. Rezler, J. Sobczak, S. Stuligrosz i inn., *Jeszcze Polska nie umarła...: W dwusetną rocznicę powstania hymnu narodowego*, Poznań, 1997

M. Rezler, J. Sobczak, T. Dorożała-Brodniewicz i inn., *Pieśń nieśmiertelna w dwieściedziesiątą rocznicę powstania - w osiemdziesięciolecie ustanowienia polskiego hymnu państwowego*, Poznań, 2007

S. Russocki, S. K. Kuczyński i J. Willaume, *Godło, barwy i hymn Rzeczypospolitej: Zarys dziejów*, Warszawa, 1978

J. Skowronek i M. Żmigrodzka, *Powstanie listopadowe 1830-1831: Geneza, uwarunkowania, bilans, porównania*, Wrocław, 1983

T. Strumiłło, *Szkice z polskiego życia muzycznego XIX wieku*, Kraków, 1954

D. Wawrzykowska-Wierciochowa, *"Mazurek Dąbrowskiego": Dzieje polskiego hymnu narodowego*, Warszawa, 1982 (1974)

D. Wawrzykowska-Wierciochowa, *Pieśń nadziei i zwycięstwa: Dzieje polskiego hymnu narodowego*, Warszawa, 1985

D. Wawrzykowska-Wierciochowa, 'Dzieje "Mazurka Dąbrowskiego" na Litwie', *Rocznik Mazurka Dąbrowskiego*, nr 1/2, 1995/96

D. Wawrzykowska-Wierciochowa i A. Podsiad, *Boże, coś Polskę...* , Warszawa, 1999

W. Zajewski, *Józef Wybicki*, Warszawa, 1989 (wyd. 3)

W. Zajewski (red.), *Powstanie listopadowe 1830-1831: Dzieje wewnętrzne, militaria, Europa wobec powstania*, Warszawa, 1990

25 lat Muzeum Hymnu Narodowego w Będominie, Będomin, 2003

200 lat Mazurka Dąbrowskiego: Materiały z sesji naukowej zorganizowanej w dniu 11 grudnia 1997 r. przez Instytut Filologii Polskiej Filii kieleckiej WSP w Piotrkowie Trybunalskim, pod red. S. Fryciego, Piotrków Trybunalski, 1998

В. В. Гарбачова, Паўстанне 1830-1831 гадоў на Беларусі, Мінск, 2001.

加藤久子『教皇ヨハネ・パウロ二世のことば――一九七九年、初めての祖国巡礼』、東洋書店、二〇一四年
工藤幸雄『ワルシャワ物語』、NHKブックス、一九八〇年
白木太一「近代初頭ポーランドの作曲家たち」、渡辺克義編著『ポーランド学を学ぶ人のために』、世界思想社、二〇〇七年
白木太一『[新版]一七九一年五月三日憲法』、群像社、二〇一六年
ステファン・シレジンスキ、ルドヴィク・エルハルト編著『ポーランド音楽の歴史』、音楽之友社、一九九八年
土谷直人『ポーランド文化史ノート』、新読書社、一九八五年
アダム・ミツキェヴィチ『パン・タデウシュ』(上、下)、工藤幸雄訳、講談社、一九九九年
吉田進『ラ・マルセイエーズ物語　国歌の成立と変容』、中公新書、一九九四年
渡辺克義編著『ポーランドを知るための六十章』、明石書店、二〇〇一年
拙稿「ナポレオン時代のポーランドとリトアニア――一八一二年ポーランド王国総連盟にみる国家像」、『史林』、八六(三)、二〇〇三年
拙稿「ヴィルノ大学とロマン主義知識人」、橋本伸也編著『ロシア帝国の民族知識人』、昭和堂、二〇一四年

所収図版出典一覧

カバー表、後ろ袖、とびら、口絵1・7、図4・31・32・33・34・35・37　ポーランド・グダンスク国立美術館付属国歌博物館所蔵

カバー前袖、図25　M. Rezler, J. Sobczak, T. Dorożała-Brodniewicz i inn., *Pieśń nieśmiertelna w dwieściedziesiątą rocznicę powstania - w osiemdziesięciolecie ustanowienia polskiego hymnu państwowego*, Poznań, 2007より転載

口絵2・3・4、図12・13・17・22　A. Nieuważny, *My z Napoleonem*, Wrocław, 1999より転載

口絵5　ポーランド・ワルシャワ国立美術館所蔵

口絵6、図1・14　W. J. Podgórski, *Pieśń ojczyzny pełna*, Warszawa, 1994より転載

図2　ポーランド文化国民遺産省サイトより作成
http://www.mkidn.gov.pl/pages/strona-glowna/kultura-i-dziedzictwo/symbole-narodowe.php (2016/11/30参照)

図3・16　S. Grodziski, *Wielka historia Polski, t.6: Polska w czasach przełomu (1764-1815)*, Kraków, 1999より転載

図5・7・8・9・10・15・21・24・30・36　ポーランド国立図書館所蔵

図6　B. Szyndler, *„Z ziemi włoskiej do Polski" Historia legionów polskich 1797-1807*, Warszawa, 2008より転載

図11　ポーランド・ヴロツワフ国立美術館所蔵

図18　S. Kopczewski, O naszym hymnie narodowym, Warszawa, 1988より転載

図19・20・23・26・27・28　M. Zgórniak, *Wielka historia Polski, t. 7: Polska w czasach walk o niepodległość (1815-1864)*, Kraków, 2001より転載

図29　J. L. Gadacz, *Słownik polskich kapucynów*, t. 1, Wrocław, 1985より転載

図38　筆者撮影

地図1・2　P. S. Wandycz, The Lands of Partitioned Poland, 1795-1918, Seattle-London, 1974, rep. 1984, pp. 2, 66をもとに筆者作成

梶さやか（かじ さやか）

京都府生まれ。2000年京都大学文学部卒業。2004～07年ポーランド・ワルシャワ大学法学部留学。2008年京都大学大学院文学研究科博士後期課程研究指導認定退学。2011年京都大学博士（文学）。2011～13年日本学術振興会特別研究員（PD）。2013年より岩手大学人文社会科学部准教授（現職）。

主な著作。「ナポレオン時代のポーランドとリトアニア—1812年ポーランド王国総連盟にみる国家像」（『史林』第86巻第5号、2003年）。「ヴィルノ大学と民衆言語—19世紀初頭ロシア領旧ポーランド＝リトアニアにおける社会の一断面」（『歴史学研究』第873号、2010年）。“Intellectuals in Vilnius and the Early Nineteenth-Century Concept of Lithuania: The Society of Scoundrels (*Towarzystwo Szubrawców*) and the Local Society”, *Lithuanian Historical Studies*, vol. 16, 2012. 共著『ロシア帝国の民族知識人—大学・学知・ネットワーク』（橋本伸也編、昭和堂、2014年）。共著*Kintančios Lietuvos visuomenė: struktėros, veikėjai, idėjos*, Vinlius, 2015.

Niniejsza publikacja została wydana w serii wydawniczej
„Źródła historyczne do dziejów Polski”
w ramach „Biblioteki kultury polskiej w języku japońskim”
przygotowanej przez japońskie NPO Forum Polska,
pod patronatem i dzięki finansowemu wsparciu wydania przez Instytut Polski w Tokio.

本書は、ポーランド広報文化センターが後援すると共に出版経費を助成し、
特定非営利法人「フォーラム・ポーランド組織委員会」が企画した
《ポーランド文化叢書》の一環である
《ポーランド史叢書》の一冊として刊行されました。

ポーランド史叢書 3

ポーランド国歌《こっか》と近代史《きんだいし》　ドンブロフスキのマズレク

2016年12月15日　初版第1刷発行

著　者　梶さやか

発行人　島田進矢
発行所　株式会社 群 像 社
神奈川県横浜市南区中里1-9-31 〒232-0063
電話／FAX 045-270-5889　郵便振替　00150-4-547777
ホームページ　http://gunzosha.com
Eメール info@gunzosha.com

印刷・製本　シナノ

カバーデザイン　寺尾眞紀

ISBN978-4-903619-72-9

ポーランド史叢書

福嶋千穂

ブレスト教会合同

分裂した東西教会のはざまのウクライナで東方カトリック教会が生まれるきっかけとなった教会合同はどのように実現したのか。ポーランド・リトアニア国家のもとで生きる道を模索したキエフ府主教座教会の苦難の歴史。 ISBN978-4-903619-61-3

白木太一

[新版] 一七九一年五月三日憲法

世界で二番目の成文憲法を成立させて近代国家の理念を打ち立てたポーランドの政治家たちの活動を追い、その後分割されて国を失うことになったポーランド国民の独立と自負の象徴として後生に受け継がれた憲法の意義に光をあてる。 ISBN978-4-903619-67-5

各巻 1500円(税別)